コーポレート
ファイナンス入門

企業価値評価からM&Aまで

立命館大学ビジネススクール 教授
橋本正明【著】

ビジネス教育出版社
BUSINESS KYOIKU SHUPPANSHA

はじめに

　東京証券取引所が公表している「コーポレートガバナンス・コード」のサブタイトルは「会社の持続的な成長と中長期的な企業価値の向上のために」となっています。また、基本原則においても、企業価値の向上や収益力・資本効率等の改善を図ることなどが規定されています。

　このように、現在、株式会社は、企業価値や資本効率の向上に努めることが強く求められています。ただ、財務やファイナンスに関する知識が十分ではない人は、企業価値といってもそれが何なのか、あるいは資本効率を高めるためにはどのようにして、どのような指標を重視すればよいのかがわからないかもしれません。

　そこで、財務やファイナンス等の専門家でない方にも「企業価値とは何か」「資本効率を高めるためにはどのようにすればよいか」といった基本的なことを理解していただくために、私が教鞭をとる立命館大学ビジネススクールで利用しているレジュメを体系的に見直すことで、このテキストを作成しました。また、企業経営をするうえで重要な資金調達の手法や、昨今、中小企業の事業承継等でも活用されるようになっているM&Aの基本的な事項についてもまとめています。

　このテキストが、コーポレートファイナンスの概要を学ぼうとする方の一助になれば幸いです。

2020年6月

立命館大学ビジネススクール　教授

橋本　正明

📖 目　次

第1章　コーポレートファイナンスとは

第2章　デットファイナンス

第3章　エクイティファイナンス

第4章　その他のファイナンス手法

第5章　企業価値評価

第6章　余剰資金等を用いた財務戦略

第7章　M＆A

第8章　ヘッジ戦略

第 1 章

コーポレートファイナンスとは

一般に株式会社は、株式（エクイティ：Equity）や負債（デット：Debt）によって資金調達を行います。また、株式会社は、資金調達をどのような方法で行って、どのような投資を行えば、企業価値の最大化が図れるかを検討したうえで実行します。

　コーポレートファイナンスという言葉は、このような「企業の金融」や「企業の財務活動全般」を総称する言葉として用いられます。コーポレートファイナンスの目的は、企業価値を最大化するための財務的な手法を考えることです。

> 　欧州では、一般に投資銀行業務のことを「コーポレートファイナンス」と呼びますが、米国では、投資銀行業務のことを「インベストメントバンキング」と呼びます。

▊ 1. 株式会社とは

　株式会社は、利益をあげる（キャッシュを増やす）ことを目的に事業を行っています。たとえば、100万円のキャッシュを元手に、100万円の商品を仕入れて、120万円で販売すれば、20万円の利益をあげることができます。これにより、キャッシュを20万円増やすことができます。

　株式会社が、このような事業活動を行うための源泉となる資金（資本金等）は、株主が出資します。したがって、株式会社の所有者は株主です。そのため、株式会社は、株主のため、株主価値（企業価値）を高めるための不断の努力が必要となります。

　なお、原則として株主は「所有」するだけで、実際の「経営」は株主が選任した経営者が行います。選任された経営者は、利益をあげ、企業価値を高めるための事業活動をします。

　効率的に株主価値（企業価値）を高めるためには、資本の「運用」

と「調達」を効率的に組み合わせる必要があります。

　資本を事業に投下することで利益をあげることができます。余剰資金を金融資産（預金や有価証券等）で運用することで利益をあげることもできます。経営者は、どのように資本を運用（投下）すれば、企業価値の向上につながるかを常に考える必要があります。

　運用に必要な資金をどのように調達するかも重要です。資金調達の方法としては、株式の発行や負債（銀行借入れ等）による調達などがあります。株式と負債の構成割合によって、企業価値は増減します。そのため、経営者は、どのような組み合わせで資金調達をすれば、企業価値が最大化するかを考えて経営を行う必要があります。

▌2．金融とは

　「モノ」や「サービス」を購入する場合、お金を支払います。ただし、自分が今持っているお金でしか「モノ」や「サービス」を購入できないとすると、経済は停滞します。

　たとえば、自動車を買う場合に、そのお金を全額持っていないと買えないとすると、自動車の売上はあまり伸びません。売上の大きな伸びが期待できないと、自動車会社の利益の伸びも期待できず、自動車会社の従業員である個人の所得もあまり増えないため、消費が拡大せず、生産が滞り、経済も停滞します。

　「モノ」や「サービス」を購入するお金を融通してくれる人が現れたらどうでしょう。お金を借りることで、欲しかった自動車を今すぐ買うことができ、自動車会社も売上を増やすことができます。このように、お金の余った人がお金の足りない人にお金を融通することを「金融」といいます。

　経済活動において、部門間でお金の過不足が生じます。これを調整し、円滑な流れをつくるために金融が必要となります。私たちが買い

物の際にクレジットカードで決済することや、会社が事業性資金や設備資金を調達するのも金融です。国が道路や橋を建設する場合にも資金が必要です。税金だけでは足りない場合、国は国債を発行してお金を集めます。これも金融のひとつです。金融の働きなくして、現代の経済活動は成り立ちません。つまり、国の経済を人間の体にたとえると、金融は「血液循環システム」といえます。

➢ 間接金融と直接金融

間接金融	間接金融とは、資金が余剰となっている人が銀行等金融機関に預貯金等をし、資金が不足している人に銀行等金融機関が融資することで、資金を融通する方式です。
直接金融	直接金融とは、国や企業が債券や株式などの有価証券を発行し、投資家がそれを購入することで資金を融通する方式です。つまり、証券の取引により、資金が余剰となっている人から、資金が不足している人へ、直接資金が融通される方式です。

　間接金融と直接金融の相違は、金融機関が資金の出し手と資金の調達者との間に立って、貸付けのリスクをとるか、とらないかの違いです。つまり、最終的なリスクを金融機関が負うのが間接金融で、負わないのが直接金融です。直接金融の場合、最終的なリスクはその証券を購入した投資家が負うことになります。なお、金融機関による証券取得は間接金融に分類されます。

■ 3．運転資金と設備資金

　会社を経営するうえでは、さまざまな資金が必要となりますが、代表的なものに「運転資金」と「設備資金」があります。

➢　運転資金

　運転資金とは、会社を経営していくうえで継続的に発生する費用のことです。代表的なものに、商品の仕入れ・販売・生産・営業活動などに必要な「経常運転資金（売上債権＋棚卸資産－買入債務）」があります。このほか、納税や配当金の支払いに必要な「決算資金」、売上増等による仕入れの増加に伴って発生する「増加運転資金」、一定の時期に売上が集中する商品やサービスを扱っている場合に発生する「季節資金」、一時的な資金繰りのための「つなぎ資金」、赤字を計上した際の「赤字補填資金」などがあります。

　運転資金の調達は、一般に銀行等金融機関からの短期借入れ、手形割引、CP(短期社債) の発行等（デットファイナンス）により行われます。

➢　設備資金

　設備資金とは、事業を行うために、一時的に発生する費用のことです。代表的な設備資金としては、工場建設費用、機械設備購入費用、店舗内装工事費用、車の購入費用、パソコンや電話・机などの事務用品等の購入費用、店舗や事務所の敷金（保証金）などがあります。

　設備資金の調達は、一般に会社の内部留保の取り崩しや、株式の発行（エクイティファイナンス）、銀行等金融機関からの長期借入れや社債の発行（デットファイナンス）などにより行われます。

▌4．資金繰り

　資金繰りとは、仕入代金や給与、家賃などの経費の支払いを円滑にできるように、収入（会社に入ってくるお金）と支出（会社から出ていくお金）の管理を行い、資金の流れをコントロールすることです。

　一般に設備資金と運転資金とに分けて、資金繰り計画を立てます。資金繰り計画は、一定期間の資金の需給を調節し、不足分は借入れなどによって調達し、余剰資金については効率的な運用を図ります。そのために用いられるのが資金繰り表（資金計画表・資金運用表）です。

　資金繰りが滞って、支払いができないような事態が発生すると、最悪の場合、黒字でも会社が倒産することがあります。資金繰りの基本は、資金の回収は早く、資金の支払いは遅くすることです。売上をあげることだけに注意が行って、資金の回収時期をおろそかにすると、資金繰りが苦しくなってしまいます。

〈黒字倒産〉

　黒字倒産とは、黒字の会社が資金繰りの悪化で倒産することをいいます。黒字とは、損益計算書で利益が出ていることです。つまり、損益計算書で利益が出ている会社が倒産してしまうのが黒字倒産です。

　「資金の動き」と「利益の動き」は必ずしも一致しません。資金が減っていても、利益が増えていることがあります。反対に資金が増えていても、利益が減っていることもあります。利益が増えているからといって、資金の状態を見ていないと、黒字倒産することがあります。

➤ 資金繰り悪化の原因

資金繰りが悪化する原因としては、次のような理由が考えられます。

売上の減少	売上が減少しても、経費には固定費があるため、売上の減少ほど経費は下がりません。そのため、売上が減少すると、売上の減少以上に資金繰りは悪化します。
経費およびその他支出の増加	経費やその他支出の増加は、そのまま支出（資金流出）の増加につながるため、資金繰りはその分悪化します。そのため、入金とのバランス（資金繰り）を考慮して経費やその他支出の増加を考える必要があります。
入金サイトと支払いサイトの悪化	入金サイト（入金までの期間）が遅くなると資金繰りは悪化します。また、支払いサイト（支払いまでの期間）が短くなっても資金繰りは悪化します。仕入代金等の支払時期については、売上代金の回収時期を考慮する必要があります。
銀行取引の悪化	銀行等金融機関からの借入れが想定通りできなかった場合、あるいは銀行等金融機関から突然融資の返済を迫られた場合なども、資金繰りが悪化します。

➤ 資金繰りの基本
〈手元資金の管理〉

単一の口座ですべての資金の管理がされていると、手元資金がいくらあるか容易にわかります。一方、複数の口座等で資金の管理がされていると、よく把握できないこともあります。手元資金（今いくらの資金があるのか）を的確に把握することが資金繰りの基本です。

〈売掛金と買掛金の管理〉

一般に会社の取引等においては、商品等を納品してから一定期間後に代金の決済が行われます。商品等納品後、未回収となっている資金（販売代金を受領する権利）のことを売上債権といい、売上債権のうち手形※を保有している場合を受取手形、そうでない場合を売掛金といいます。一方、未払いとなっている資金（購入代金を支払う義務）

のことを仕入債務といい、仕入債務のうち手形の振出しがある場合を支払手形、そうでない場合を買掛金といいます。

　売掛金等の回収漏れがないかどうか、買掛金等の支払い漏れがないかどうかを的確に管理することも資金繰りの基本です。

※　振出人が、受取人またはその指図人に対して、一定の期日に一定の金額を支払うことを約束する形態の証券を（約束）手形といいます。

〈過剰在庫の防止〉

　在庫が過剰な場合、それに伴う仕入債務が増加し、資金繰りが苦しくなります。在庫管理を的確に行い、不要な在庫を抱えないことも資金繰りの基本です。

▍5. デットファイナンスとエクイティファイナンス

　株式会社の一般的な資金調達手法としては、「デットファイナンス（Debt Finance）」と「エクイティファイナンス（Equity Finance）」の2種類があります。また、その中間的なものとして、「メザニンファイナンス」や「ストラクチャードファイナンス」などがあります。

➢　デットファイナンス

　デットファイナンスとは、「借入金融」とも呼ばれ、銀行等金融機関からの借入れやシンジケートローン、社債の発行などによる資金調達のことです。このファイナンスは、負債による資金調達であるため、調達した資金の額は、貸借対照表（バランスシート）の負債の部に記載されます（負債の増加が伴う資金調達手法です）。

➢　エクイティファイナンス

　エクイティファイナンスとは、新株の発行が伴う資金調達のことで

す。具体的には「公募増資（時価発行増資）」「第三者割当増資」「新株予約権無償割当（ライツ・オファリング）」といった資金の払込みを伴う増資や、転換社債型新株予約権付社債（CB）等の発行などによる資金調達のことです。デットファイナンスが負債の増加が伴うのに対して、エクイティファイナンスは資本の増加が伴います。

➤ メザニンファイナンス

メザニンファイナンスとは、「デットファイナンス」と「エクイティファイナンス」の中間に位置するファイナンス手法のことで、劣後ローンやハイブリッド証券（劣後債、永久債、優先出資証券等）の発行などによる資金調達手法のことです。

➤ ストラクチャードファイナンス

ストラクチャードファイナンスとは、企業が保有する資産や事業等を切り離して、その資産や事業等から生み出されるキャッシュフローを裏付けとして資金を調達する手法のことです。

	デットファイナンス	エクイティファイナンス
特徴	・他人資本による資金調達 ・負債が増加	・自己資本による資金調達 ・資本が増加
メリット	・経営関与のおそれがない ・節税効果	・返済不要
デメリット	・返済が必要	・経営関与のおそれがある

▌6．企業価値とは

企業価値（EV：Enterprise Value）とは、事業価値に非事業価値（遊休資産等の非事業資産の価値）を加えたものです。事業価値とは、株式価値（株式時価総額）に負債価値（ネット有利子負債の時価額＝有

利子負債−現預金−短期保有価証券）を加えたものです。

〈企業価値、事業価値、株式価値の関係〉

企業価値	
事業価値	非事業価値
株式価値	負債価値

　一般にコーポレートファイナンスでは、事業価値の評価はDCF
（Discounted Cash Flow）法により行います。

〈主な株式価値の評価方法〉

	代表的手法	算出方法
コスト・アプローチ	簿価純資産法	適正な会計処理をした貸借対照表をそのまま用いて資産から負債を差し引いて求める方法
	時価純資産法	資産・負債項目を時価評価し、その差額で価値を決定する方法（含み損益に対して税金相当分を考慮する「清算法」と、考慮しない「修正純資産法（再調達法）」がある）
マーケット・アプローチ	市場価格法	一定期間の市場価格の平均で評価する方法
	マルチプル法	PER、PBR、EV／EBITDA倍率などの指標を用いて類似企業と比較する方法
インカム・アプローチ	配当還元法	1株当たり配当金をベースに算出する方法
	収益還元法	税引後営業利益や当期純利益をベースに算出する方法
	DCF法	事業から生み出されるフリー・キャッシュフローを加重平均資本コスト（WACC：Weighted Average Cost of Capital ワック）で現在価値に割り戻して事業価値を算出し、負債価値を減算して算出する方法

第 2 章

デットファイナンス

デットファイナンスは、銀行等金融機関からの借入れやシンジケートローン、社債の発行などによる資金調達のことです。デットファイナンスで資金調達した場合には、利息の支払いと決められた期限に元金を返済する必要があります。なお、過度の借入れは財務の安定性を損ねることになります。また、元利金の返済が滞ると、債務不履行（デフォルト）となり、倒産する場合もあります。

　ただし、一般にデットファイナンスによる資金調達コスト（借入金の利率等）は、エクイティファイナンス※に比べてコストが低く、税法上、利息相当分を損金算入できるため、節税効果もあります。

※　エクイティファイナンスの資金調達コストは資本コストの項（P.67）参照

☞　負債の節税効果って？

	企業A	企業B
営業利益	100	100
支払利息	20	0
税引前利益	80	100
法人税（30％と仮定）	24	30
税引後利益	56	70
税引後利益＋支払利息 （税引後キャッシュフロー）	76	70

　上記表は、営業利益の額が同じ企業（負債のある企業Aと負債のない企業B）の税引後キャッシュフロー（負債コストや株式コストに充当できるキャッシュ）を表したものです。

　法人税を考慮すると、負債のある企業Aのキャッシュフローは、負債のない企業Bよりも、負債コストや株式コストに充当できるキャッシュが多くなります。これは、負債のある企業Aは、

負債の支払利息が法人税の課税対象となる所得から控除されるため、負債のある企業Aの法人税が、負債のない企業Bよりも少なくなるからです。節税効果分、企業Aは負債コストや株式コストに充当できるキャッシュフローが多くなります。これを「負債の節税効果」といいます。負債の節税効果は、負債利用のメリットといえます。

1．銀行等金融機関からの借入れ

　銀行等金融機関からの借入れは、最も一般的な資金調達方法です。会社等の法人へ融資を行っている金融機関には、銀行や信用金庫、信用組合などの民間金融機関のほか、日本政策金融公庫などの公的金融機関などもあります。

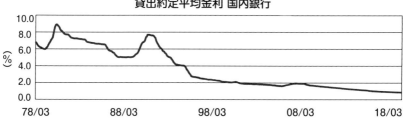

貸出約定平均金利 国内銀行

　一般に公的金融機関は、金利や連帯保証人、融資期間、審査基準などの融資条件が、民間金融機関より緩やかになっています。また、開業1年目の実績のない会社に対しても融資を行っています。公的金融機関は、中小企業を支援するための政策的な金融機関といえます。

　民間金融機関からの融資には、公的な保証機関である信用保証協会の保証付融資もあります（いわゆる「マル保融資」）。保証付融資の場合、万が一、借主の返済が滞ると、借主に代わって信用保証協会が金融機関に立て替え払いを行います。なお、保証付融資を利用する場

合、借主は信用保証協会に所定の信用保証料を支払う必要があります。

　一方、同じ金融機関からの融資でも、信用保証協会の保証が付かない融資もあります。これを「プロパー融資」と呼びます。一般に創業間もない会社は、プロパー融資を受けることが難しいため、まずは保証付融資を受け、事業の成長とともにプロパー融資に代わっていくことが多いといえます。

☞　信用保証協会って？

　信用保証協会は、中小企業・小規模事業者の金融円滑化のために設立された公的機関です。信用保証協会は信用保証を通じて、資金調達をサポートします。47都道府県と4市（横浜市、川崎市、名古屋市、岐阜市）にあり、各地域に密着した業務を行っています。

〈信用保証協会の利用条件〉

業種	資本金	従業員数
製造業など（建設業・運送業・不動産業を含む）	3億円以下	300人以下
ゴム製品製造業（自動車または航空機用タイヤおよびチューブ製造業並びに工業用ベルト製造業を除く）	3億円以下	900人以下
卸売業	1億円以下	100人以下
小売業・飲食業	5千万円以下	50人以下
サービス業	5千万円以下	100人以下
ソフトウェア業／情報処理サービス業	3億円以下	300人以下
旅館業	5千万円以下	200人以下
医業を主たる事業とする法人	－	300人以下

〈信用保証協会の利用状況〉

単位：百万円

	件数	保証債務残高
2011年度	3,282,380	34,446,374
2012年度	3,189,748	32,078,613
2013年度	3,068,922	29,778,513
2014年度	2,949,589	27,701,740
2015年度	2,796,391	25,761,647
2016年度	2,623,498	23,873,792
2017年度	2,473,377	22,215,070
2018年度	2,332,923	21,080,871
2019年度	2,241,042	20,805,320

➢ 短期プライムレートと長期プライムレート

　プライムレートとは、銀行等金融機関が、最も信用度の高い会社等に対して融資をする際の「最優遇貸出金利（最も優遇した金利）」のことです。融資期間が1年以内のものを短期プライムレート（短プラ）、1年超のものを長期プライムレート（長プラ）と呼び、このレートは各銀行等金融機関が個別に定めています。

短プラ	融資期間が1年以内のときに適用される最優遇貸出金利です。かつては、公定歩合をもとに決定する方式（公定歩合＋0.25％）がとられていましたが、1989年以降は、市中金利に連動する総合的な調達コスト等をベースに決定されるようになっています。そのため、かつての短期プライムレートと区別して「新短期プライムレート（新短プラ）」と呼ばれることもあります。一般に短プラは、メガバンクのレート等が基準となり、各企業に対する金利は信用リスク等の大きさに応じて上乗せ金利を付加して決定されます。なお、大企業向けの融資の場合、市中金利のレートに一定の幅を上乗せした「スプレッド貸し」が主流となっています。

長プラ	融資期間が1年超のときに適用される最優遇貸出金利のことです。かつては、長期信用銀行の発行する「5年利付金融債」の発行利率に一定の利率（0.5%）を上乗せして決定されていましたが、現在、長期信用銀行が存在しないため、金融機関が発行する「5年普通社債」の発行利率や市場で取引されるスワップレートなど、マーケットにおける資金調達レートを参考に、一定の利率を上乗せする方式で決定されます。なお、昨今の企業向けの長期貸出し（長期融資）では、このレートを採用するケースはあまりなく、その代わりとして、新短期プライムレートを基準に一定の利率を上乗せした「新長期プライムレート」などが使われています。

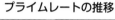

プライムレートの推移

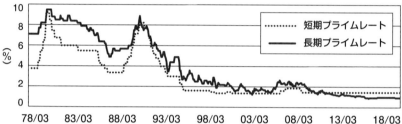

☞ 公定歩合って？

　従来、日本銀行の主要な金融調節手段は、公定歩合（民間金融機関への貸出金利）の操作でした。規制金利時代には、預金金利等の各種の金利が公定歩合に連動していたため、公定歩合が変更されると、これらの金利も一斉に変更される仕組みになっていました。そのため、公定歩合は金融政策の基本的なスタンスを示す代表的な政策金利といえました。

　しかしながら、金利が自由化され、公定歩合と預金金利との直接的な連動性がなくなったことから、政策金利としての地位は大幅に低下しました。そのため、「公定歩合」という呼称も廃止され、「基準割引率および基準貸付利率」という名称に変更されました。現在、この金利は補完貸付制度の適用金利として、短期の

市場金利の上限を画する役割を担うようになっています。

　補完貸付制度（いわゆるロンバート型貸出制度）とは、日本銀行が貸付けの対象となる金融機関から借入れの申込みを受けた場合、あらかじめ定められた条件に基づき、差し入れられている担保価額の範囲内で実行する貸付制度のことです。金融機関は、短期の市場金利が補完貸付制度の適用金利より低ければ、原則として市場取引を通じて資金を調達します。ただし、短期の市場金利が補完貸付制度の適用金利を上回った場合には、補完貸付制度を利用するといえます。そのため、補完貸付制度の適用金利が短期の市場金利の上限になるといえます。

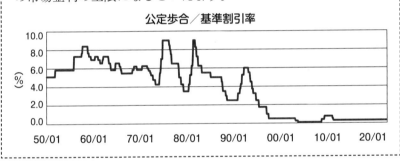

公定歩合／基準割引率

➤ スプレッド貸し

　スプレッド貸しは、スプレッド融資とも呼ばれ、市場金利連動型融資のひとつで、市場金利に一定の利鞘（スプレッド）を乗せた金利での融資です。

　スプレッド貸しは、TIBOR（Tokyo InterBank Offered Rate）の各期間（1週間物、1か月物、2か月物、3か月物、6か月物、12か月物）のレートに、一定のスプレッドを上乗せした金利を融資金利とします。たとえば、期間6か月の融資をする際、6か月物のTIBORのレートが0.1％、スプレッドを0.5％とすると、銀行等金融機関は、他の金融機関から0.1％で資金を調達し、利鞘を0.5％上乗せして、

0.6％の金利で融資します。なお、スプレッド貸しは、一般に１億円以上の融資で、一定以上の格付けの企業を対象として行われます。

- 一般に新短期プライムレートの金利よりも低くなっています。
- 基準となるTIBORのレートは、市場の需給関係で頻繁に変動するため、スプレッド貸しの金利も頻繁に変わります。
- 融資期間は、原則として１年以内となっています。

TIBORとは、各リファレンス・バンク（15の金融機関）が、毎営業日、午前11時時点における１週間物、１か月物、２か月物、３か月物、６か月物、12か月物の市場実勢レートを全銀協TIBOR運営機関に提示し、全銀協TIBOR運営機関が、各期間の提示レートの上位と下位のふたつの値を除外して、それ以外の提示レートを単純平均して公表しているものです。

円TIBOR６か月物の推移

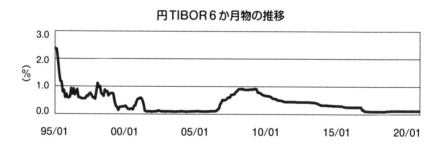

> ➤ **インパクトローン**

インパクトローンとは、居住者に対する資金使途に制限のない外貨貸付けのことです。通貨の種類、貸付金額、金利などについての規制がなく、簡単な事務手続きで申し込むことができます。貸付通貨は、当該外国為替銀行が調達可能な主要通貨であれば、どの通貨でも利用

可能です。インパクトローンは、タイドローン（資金使途を限定した外貨貸付）などと区別するために使われる用語で和製英語です。

　貸付金利は、LIBOR（London InterBank Offered Rate）などの外貨調達コストに銀行の利鞘を上乗せして決められます。また、インパクトローンは、外貨の借入時と返済時に、外貨と円貨の交換が行われます。外貨金利の計算は、1年を360日ベースで行いますが、円での実質金利は365日ベースで行います。利息計算は、日数片落し、利息後払いが原則となっています。インパクトローンの返済時の為替レートを予約しないオープンインパクトローンの場合、円転時の為替レートより、返済時の為替レートが円安であれば為替差損が発生し、逆に円高であれば為替差益が発生します。たとえば、3か月後に受取予定の外貨建債権がある場合、その債権と同額のオープンインパクトローンを行い円転しておくと、円高による外貨建債権の為替差損をインパクトローンの為替差益で相殺することができます。

　LIBORとは、ロンドンの銀行間取引で資金の出し手が提示する金利のことで、米国のインターコンチネンタル取引所（ICE）が算出・運営を行っています（2021年中に公表停止予定。円LIBORの代替指標としてターム物リスク・フリー・レートが公表予定）。1週間物、1か月物、2か月物、3か月物、6か月物、12か月物などのレートがあり、対象となる通貨は、米ドル、円、ユーロ、英ポンド、スイスフランです。LIBORのレートは、指定された複数の有力銀行（リファレンスバンク）が報告する毎営業日、午前11時時点のレートのうち上下25％を除いて算出されます。

➤ シンジケートローン

　シンジケートローン（Syndicated Loan）とは、協調融資のことです。幹事金融機関（アレンジャー）が他の複数の金融機関（シンジケート団）を取りまとめ、複数の金融機関が同一条件で1社に対して融資を行うスキームです。たとえば、融資金額が大きい場合、貸倒れリスクの観点から、ひとつの金融機関だけでは全額融資できないことがあります。そのような場合、複数の金融機関と交渉することになりますが、当該会社にとっては事務負担が増え、また、個々の金融機関により、融資条件が異なることもあります。シンジケートローンの場合、幹事金融機関が条件などを取りまとめてくれるので、当該会社は幹事金融機関と交渉するだけで済みます。

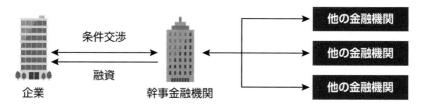

　シンジケートローンを利用する場合、さまざまな費用が発生します。たとえば、幹事金融機関に対して複数の金融機関を取りまとめて融資を受ける対価としての「アレンジメントフィー」や、融資期間中の利払事務や資金決済の取りまとめの対価としての「エージェントフィー」などが発生します。また、契約条項の変更をする際にも手数料が発生する場合もあります。

➤ コミットメントライン

　コミットメントライン（Commitment Line）は、銀行融資枠とも呼ばれています。会社は銀行等金融機関との間で契約を締結し、銀行等金融機関は当該会社に対して一定期間内の融資限度枠（コミットメン

トライン）を設定します。コミットメントラインの契約を締結した会社は、契約期間中、この限度枠の範囲内であれば、審査などの手続きを経ることなく、いつでも融資を受けることができます。コミットメントラインの設定により、当該会社は安定的な資金の確保、不足時における資金調達が可能となります。なお、コミットメントラインの契約の際には、銀行等金融機関の所定の審査があり、設定した融資枠利用の際には、金利とは別にコミットメントフィー等の手数料が必要となります。

　コミットメントラインには「コミットメントライン（スタンドバイ）」と「リボルビングライン」といった種類があります。コミットメントライン（スタンドバイ）とは、非常時以外には融資を受けることを前提としない狭義のコミットメントラインのことです。リボルビングラインとは、資金が必要となった場合、いつでも融資を受けることを前提としたコミットメントラインのことです。

　また、コミットメントラインの契約形態には「バイラテラル方式（相対型）」と「シンジケート方式（協調型）」の2種類があります。

〈参考：日本の主な預貯金取扱民間金融機関〉

　金融機関とは、広義には保険会社や証券会社、ノンバンクなども含みますが、狭義には預貯金取扱金融機関のみを指します。狭義の日本の金融機関としては、主に次のようなものがあります。

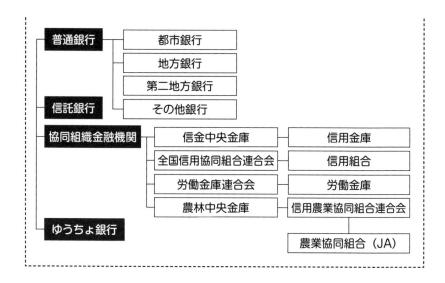

■ 2. CP（短期社債）による資金調達

コマーシャル・ペーパー（CP：Commercial Paper）とは、優良企業が事業に必要な資金を調達するためにオープン市場で発行する無担保・持参人払いの約束手形のことで、金融商品取引法上の有価証券です。

国内CPの発行方式には「公募」、適格機関投資家のみを対象とする「プロ私募」、1回当たりの発行枚数が50枚未満である「少人数私募」の3形態があります。なかでも発行手続きが最も簡便で、流通に対する制限が少ない「少人数私募」形態による発行が主流となっています。発行形式は割引方式で、通常、期間は1年未満となっています。また、額面金額に関する規制はありませんが、一般に1億円以上となっています。発行の取扱いは、金融機関や証券会社が行っており、流通の取扱いは、金融機関、証券会社、短資会社※が行っています。販売対象先は、金融市場の動向などに精通した機関投資家などに限定され、個人への販売はできません。源泉徴収はありません。

※　短資会社とは、金融機関相互間で資金の運用や決済を行う市場（インターバンク市場）において、主として1年未満の短期的な資金の貸借または媒介などを行う会社のことです。

> ### 短期社債

短期社債とは、ペーパーレス化されたコマーシャル・ペーパー（CP）のことです。法律では、短期社債の要件を「契約により社債の総額が引き受けられること」「各社債の金額が1億円を下回らないこと」「元本の償還期限が1年未満であること」「利子の支払期限を元本の償還期限と同じ日とすること（割引の方法により発行されるもの）」「担保付社債信託法の規定により担保が付されるものでないこと」としています。現在、CPよりも短期社債が主流となっています。

■ 3．社債による資金調達

社債とは、会社が資金調達を目的として、資金の返済や、利子の支払いなどの条件を明確にして発行する証券のことです。人がお金を借りるときは借用証書を出します。その意味では、社債は一種の借用証書に相当するといえます。ただし、社債は通常の借用証書と、次のようなことが異なっています。

- 発行額が一定単位の額面金額に分割
- 投資家は均一の条件で投資
- 投資家は債権者としての立場をいつでも他人に譲渡可能

社債は、発行者の立場から見れば資金調達手段といえますが、投資家から見れば資金運用のための投資対象といえます。資金調達手段の代表的なものに間接金融である銀行借入れがありますが、資金調達手段の多様化を目的に、大企業中心に直接金融としての社債の発行が拡大しています。

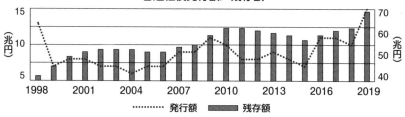

普通社債発行額／残存額

凡例: ………… 発行額　■ 残存額

➤ 社債の発行方式

公募債と私募債	不特定多数（50人以上）の投資家を対象に、取得の勧誘がされる社債を公募債といいます。一方、公募に該当しない形態で販売される社債を私募債といいます。私募の形態には、特定の投資家（適格機関投資家または特定投資家）だけを対象とするプロ私募と、一般に50名未満といった少数を対象とする少人数私募があります。
社債の期間	期間はさまざまです。一般に償還までの期限が3年未満の社債を「短期債」、償還までの期限が3年以上7年未満の社債を「中期債」、償還までの期限が7年以上11年未満の社債を「長期債」、償還までの期限が11年以上の社債を「超長期債」といいます。
担保の有無等	社債の発行者が保有する土地、工場、機械設備、船舶などの特定の物的財産が担保として付けられているものを物上担保付債といいます。なお、財務上一定の基準を満たす会社が発行する社債については、利子と償還金の支払いのための担保を特に付けていない無担保債で発行されています。
社債の発行に係る関係者	社債の発行によって資金を調達する「発行者（債務者）」、社債への投資によって資金を運用する「投資家（社債権者）」、社債の販売等を担う「引受会社」、社債権者のために償還金や利子の支払代行および債権の保全その他社債の管理を行う「社債管理者」などで構成されています。

➤ 社債の発行条件と信用力による格差

社債の発行条件	社債を発行する場合、「発行総額」「発行日」「償還日（満期日）」「年限（期限）」「利率」「利払日」などが決められますが、このうち、「利率」「年限」「発行価格」により発行条件が決まります。
発行条件の信用力による格差	社債への投資は、投資家が長期間にわたって資金を貸し付けるという行為であるため、発行者の利子と償還金支払いの信頼性（信用力）が重視され、発行条件もその信用力によって決まります。信用力と利回りは原則としてトレードオフの関係にあります。つまり期間が同じ社債であれば、原則として信用力の高い社債の利回りが低く、信用力が低くなるにつれて利回りは高くなります。信用力は、一般に債券の信用格付けで表されるので、期間が同じ社債であれば、信用格付けが高い社債ほど利回りは低く、信用格付けが低い債券ほど利回りは高くなります。現在、国際化の進展に伴い、多くの社債が無担保で発行されることから、信用格付けの重要性が高まっています。
債券の信用格付け	債券の信用格付けとは、債券の発行者の利子と償還金支払い能力を評価するため、第三者である信用格付業者（格付機関）が、各債券の信用力を、発行者の財務内容のほか、事業内容、財務政策等から総合的に判断し、アルファベットなどの記号で表示したものです。発行者は、高い信用格付けが得られるほど有利な条件で債券を発行できます。また、発行者の信用力は、債券を発行したあとも、さまざまな要因で変わり、それに応じて信用格付けも見直されます。また、信用格付けの見直しによって債券の価格も変動します。

➤ 格付機関と信用格付け

　日本における格付機関としては「ムーディーズ（Moody's）・ジャパン」「S&Pグローバル・レーティング・ジャパン（S&P）」「格付投資情報センター（R&I）」「日本格付研究所（JCR）」「フィッチ・レーティングス（Fitch Ratings)・ジャパン」などがあります。なお、信用格付けが「Baa」または「BBB」以上の債券は投資適格債、「Baa」または「BBB」未満の債券は投資不適格債とされています。

Moody's	S&P	R&I	JCR	Fitch Ratings
Aaa（トリプルエー）	AAA（トリプルエー）			
Aa1（ダブルエーワン）	AA＋（ダブルエープラス）			
Aa2（ダブルエーツー）	AA（ダブルエー）			
Aa3（ダブルエースリー）	AA－（ダブルエーマイナス）			
A1（エーワン）	A＋（シングルエープラス）			
A2（エーツー）	A（シングルエー）			
A3（エースリー）	A－（シングルエーマイナス）			
Baa1（ビーダブルエーワン）	BBB＋（トリプルビープラス）			
Baa2（ビーダブルエーツー）	BBB（トリプルビー）			
Baa3（ビーダブルエースリー）	BBB－（トリプルビーマイナス）			
Ba1（ビーエーワン）	BB＋（ダブルビープラス）			
Ba2（ビーエーツー）	BB（ダブルビー）			
Ba3（ビーエースリー）	BB－（ダブルビーマイナス）			
B1（ビーワン）	B＋（シングルビープラス）			
B2（ビーツー）	B（シングルビー）			
B3（ビースリー）	B－（シングルビーマイナス）			

☞　**変動金利と固定金利って？**

　デットファイナンスで資金調達をする場合の金利には、一般に変動金利と固定金利があり、いずれかを選択できます。

	変動金利	固定金利
メリット	◇一般に借入れ当初の金利は固定金利より低い（支払利息が少ない） ◇市中金利が下がれば支払利息が減少	◇市中金利が上がっても支払利息は返済期限まで一定 ◇支払利息が変動しないので、資金計画が立てやすい
デメリット	◇市中金利が上がれば支払利息が増加 ◇支払利息が変動するため、資金計画にズレが発生	◇一般に借入れ当初の金利が変動金利より高い（支払利息が多い） ◇市中金利が下がっても支払利息は減少しない

第 3 章

エクイティファイナンス

エクイティファイナンスとは、新株の発行等による資金調達のことです。具体的には「公募増資（時価発行増資）」「第三者割当増資」「ライツ・オファリング（新株予約権無償割当）」といった資金の払込みを伴う増資（有償増資）や、転換社債型新株予約権付社債（CB）等の発行などによる資金調達のことです。デットファイナンスが、負債の増加が伴うのに対し、エクイティファイナンスは自己資本の増加が伴います。

株式会社設立時には、当該会社の発起人が設立時発行株式の全部を引き受ける方法、または当該発起人が設立時発行株式を引き受けるほか、設立時発行株式を引き受ける人を募集する方法で株式の発行がされます。この場合、1株当たりの株価は任意に定めることができますが、1万円もしくは5万円などとする会社が多いといえます。払込みされた資金のうち2分の1を超えない額は資本金とせず、資本準備金にすることができます。なお、株式会社は、会社設立後も資金を調達する必要が生じた場合などには、新株を発行します。こうした新株の発行形態には、資金調達のために行う「有償増資」と、資金調達以外の目的で行う「株式分割」や「株式無償割当て」などがあります。

1. 有償増資

有償増資とは、新株を引き受ける人から資金の払込みをしてもらって新株を発行し、資本を増やす形態の増資です。

有償増資	公募増資（時価発行増資）
	第三者割当増資（時価発行、有利発行）
	ライツ・オファリング（新株予約権無償割当）

公募増資 （時価発行増資）	新株の応募を広く不特定多数に求めて、新株を発行する形態です。一般に時価よりも数パーセント安い価格で発行されることが多く、時価発行増資とも呼ばれています。時価発行増資は、1株当たり利益の希薄化につながることから、既存株主にとって一見不利のように見えますが、その資金が設備投資や研究開発など前向きな投資に使われれば会社の成長を促すことになり、業績の拡大につながるといえます。
第三者割当増資	新株の割当てを受ける権利を当該会社の取引先や関係銀行あるいは従業員など、当該会社に関係のある特定の第三者に与え、その権利行使に伴う払込みにより新株を発行する形態です。特定の取引先との関係強化・資本提携や、経営が不振な会社の再建方法などで利用され、一般に時価よりも安い価格で発行されます。
ライツ・オファリング （新株予約権無償割当）	既存の株主に対し、その保有株式数に応じて新株予約権（当該株式をあらかじめ決められた日まで、特定の株価で一定株数買う権利）を無償で交付し、当該新株予約権の権利行使に伴う払込みにより新株を発行する形態です。払込みをしたくない株主は、当該新株予約権を市場で売却することもできます。なお、ライツ・オファリングのうち、既存の株主が権利行使しなかった新株予約権を引受証券会社が権利行使する形態のものを「コミットメント型ライツ・オファリング」といいます。

2. 株式分割と株式無償割当て

➢ 株式分割

　株式分割とは、たとえば1株の株式を2株に分割するといったものです。このような株式分割を「1：2の株式分割」といいます。株式分割をした場合、発行済株式数は増加しますが、資本の額は変わりません。そのため、株式分割後（権利落ち）の理論株価は、株式分割前の株価に比べて、分割比率分安くなります。会社の株価が高くなると、最低購入価格が大きくなり、その会社の株式が買いにくくなります。そのような場合に、1株当たりの株価を引き下げるため株式分割が行われます。株式分割がされた場合の権利落ちの理論株価は、次のような算式で求められます。なお、分割比率とは、たとえば「1：2の株式分割」の場合、「2」となります。

$$権利落ち理論株価 = \frac{権利付株価終値}{分割比率}$$

➢ 株式無償割当て

　株式無償割当てとは、株主（種類株式発行会社にあっては、ある種類の種類株主）に対して、新たな払込みをさせることなく株式を割り当てるものです。株式分割と株式無償割当ては類似していますが、次のような点が異なります。

- 株式分割においては同一種類の株式の数が増えますが、株式無償割当てにおいては他の種類の株式の数を増やすこともできます。
- 株式分割をした場合、自己株式の数も増えますが、株式無償割当ての場合は自己株式の数は増えません。

> ・株式分割では自己株式の交付はできませんが、株式無償割当ての場合は自己株式を交付することもできます。

■ 3. 株式の種類

　株式会社は、次に掲げる事項等について、権利内容が異なる 2 種類以上の株式を、定款で定めることにより発行することができます。このような権利内容が異なる 2 種類以上の株式を発行する会社を「種類株式発行会社」といい、当該株式を「種類株式」といいます。

・剰余金の配当
・残余財産の分配
・株主総会において議決権を行使することができる事項
・譲渡による当該種類株式の取得について当該会社の承認を要すること
・株主が当該種類株式の取得を当該会社に請求できること
・会社が一定の事由が生じたことを条件として当該種類株式を取得できること
・会社が株主総会の決議によって当該種類株式の全部を取得すること
・株主総会等の決議事項のうち、当該決議のほか、当該種類株式の株主を構成員とする種類株主総会の決議を必要とするもの

➤ 普通株式

　一般に取引所等で売買され、権利内容等に特に制限等が設けられていない通常の株式を「普通株式」といいます。大半の株式は普通株式です。なお、普通株式以外の株式を種類株式という場合もあります。

➢ **優先株式**

　優先株式とは、普通株式よりも特定の事項について、優先的な取扱いがされる種類株式のことで、「剰余金の配当を優先的に受けることができる」「残余財産の分配を優先的に受けることができる」といったものがあります。たとえば、剰余金の配当を優先的に受けることができるといった優先株式の場合には、まず配当原資となる剰余金の中から、あらかじめ決められた一定額の配当金（１株当たり〇〇円）が優先株式の株主に支払われ、残余の配当原資となる剰余金の中から、普通株式等の株主に配当金（決算状況等に応じて会社がその都度決める額の配当金）の支払いがされます。

　なお、剰余金の配当を優先的に受けることができる優先株式には、所定の配当金以外に普通株式に係る配当金も受けることができる「参加型」と、所定の配当金しか受けることができない「非参加型」があります。

　また、ある事業年度において、優先株式を保有する株主に対して支払うべき配当原資となる剰余金がないもしくは不足する場合には、剰余金の配当がされないもしくは一部しかされませんが、その不足分が次期以降の剰余金から、次期以降の配当金と合わせて支払われる「累積型」と、その不足分が次期以降には繰り越されない「非累積型」とがあります。

　優先株式は、このように特定の事項について優先的な取扱いがされる一方、株主総会における議決権などが制限されていたり（議決権制限株式であったり）、あらかじめ償還日が決められていたり（強制償還株式であったり）するのが一般的です。

➢ **劣後株式**

　劣後株式とは、優先株式とは逆に、普通株式よりも特定の事項につ

いて、劣後した取扱いがされる種類株式のことで、「剰余金の配当が
劣後して支払われる」「残余財産の分配が劣後して行われる」といっ
たものがあります。劣後株式は、後配株式とも呼ばれています。劣後
株式は、新株を発行する際に、既存株主の利益を損なわずに資金調達
をしなければならないような場合に発行されます。なお、劣後株式
は、基本的にメリットがないため、通常は経営者などが保有します。

> ## 議決権制限株式

　議決権制限株式とは、株主総会において議決権を行使することがで
きない（完全無議決権株式）、または行使できる事項が一部に制限さ
れている種類株式のことです。

　議決権制限株式を発行して資金調達した場合、当該株主は議決権が
制限されることから、会社は経営の安定を維持しつつ、新株の発行に
よる資金調達ができます。なお、上場会社等については、議決権制限
株式の総数を発行済株式総数の2分の1以下にする必要があります。

> ## 譲渡制限株式

　譲渡制限株式とは、その会社の全部または一部の株式を取得する場
合には、当該会社の承認（取締役会の決議）を要する旨の定めが設け
られている種類株式のことです。譲渡制限は、定款の定めにより、株
式の種類ごとに付すことができます。非上場会社の株式の場合には、
そのすべてについて譲渡制限があるのが一般的です。なお、発行する
株式のすべてについて譲渡制限を設けている会社のことを会社法では
「非公開会社」といい、発行する株式のすべてまたは一部について譲
渡制限を設けていない会社のことを「公開会社」といいます。

　一般に上場会社のことを、誰でも自由にその会社の株式を売買でき
るという意味で「公開会社」といったりしますが、その場合の意味と

は異なります。

➢ 取得請求権付株式

取得請求権付株式とは、株主が発行会社に対して、取得（償還または買入れ）の請求をすることができる種類株式のことです。取得請求権付株式のうち取得の対価が金銭であるものを、一般に「義務償還株式」といい、取得の対価が他の株式であるものを、一般に「転換予約権付株式」といいます。種類株式のひとつである取得条項付株式のうち「強制償還株式」において、株主が償還されることを望まない場合には、当該会社の普通株式に転換することができる権利（転換予約権）が株主に付与されていることがあります。

➢ 取得条項付株式

取得条項付株式とは、株式の発行会社が、一定の事由が生じた場合に、取得（償還または買入れ）することができる種類株式のことです。請求するのが株主ではなく、発行会社となります。取得条項付株式のうち取得の対価が金銭で、あらかじめ定められた日が到来することをもって取得の事由と定められているものを、一般に「強制償還株式」といい、取得の対価が他の株式（普通株式等）であるものを、一般に「強制転換条項付株式」といいます。

➢ 拒否権付株式

拒否権付株式とは、株主総会等の決議事項のうち、会社の買収や合併などに関する一定の議案については、通常の株主総会の決議のほか、拒否権付株式の株主を構成員とする種類株主総会における決議がなければ、当該議案は承認されないという種類株式です。

拒否権付株式は、敵対的な買収対策等のために発行されるのが一般

的です。拒否権付株式は、「黄金株式」ともいいます。

■ 4．自己株式（金庫株式）

　自己株式とは、株式の発行会社が、一定の事由により自己の株式を取得し、消却や処分をしないまま保有する株式のことです。

　原則として「分配可能額」を超えて自己株式を取得することはできません。分配可能額とは、剰余金の配当の原資となるもので、剰余金の額から自己株式の帳簿価格および所定の評価損の金額などを控除した額のことです。

　会社が取得した自己株式は、取得原価をもって純資産の部の株主資本の末尾に自己株式として一括して控除する形式で表示されます。なお、自己株式には、議決権がありません。また、剰余金の配当を受ける権利もありません。

　自己株式は、消却や処分することもできます。消却した場合には、当該会社の発行済株式総数が減少するとともに、消却後のその他資本剰余金の額は、当該自己株式消却の直前の額から、当該消却する自己株式の帳簿価格を減じた額となります。また、処分した場合には、当該自己株式処分差損益は、その他資本剰余金に計上されます。なお、自己株式を処分する場合は、原則として募集の手続きにより行う必要があります。

　自己株式の取得が行われると、当該株数は各種指標計算上の発行済株式数から控除されるため、1株当たり利益が増加します。また、純資産の額が自己株式取得分減少することから、純利益の額が変わらなければ、自己資本利益率（ROE）が高まることになります。これに伴い、株価の値上がりが期待できることから、自己株式を取得する余裕がある会社は、しばしば自己株式の取得を、取引所市場等で行ったりします。

▌5．剰余金の配当

　株式会社は、原則として株主総会の決議によって、株主（自己株式を除く）に対して、剰余金の配当をすることができます。また、定款に定めることにより、1事業年度の途中において1回に限り取締役会の決議によって剰余金の配当（中間配当）をすることもできます。

　なお、会計監査人設置会社で、「当該会社の取締役（監査等委員会設置会社にあっては、監査等委員である取締役以外の取締役）の任期が1年」「監査役設置会社であって監査役会設置会社」の場合には、定款に定めることにより、株主総会の決議の代わりに取締役会の決議によって、1年間に回数の制限なく剰余金の配当をすることができます。この場合、四半期ごとに剰余金の配当（四半期配当）がされたりします。

　剰余金の配当は、剰余金の額から自己株式の帳簿価格および所定の評価損の金額などを控除した分配可能額を超えて行うことはできません。また、当該会社の純資産額が300万円を下回る場合も行うことができません。

➤　配当の種類

　毎事業年度終了後に開催される定時株主総会の決議によって支払われる剰余金の配当のことを「期末配当」といいます。また、中間決算終了後に、取締役会の決議によって支払われる剰余金の配当のことを「中間配当」といい、四半期ごとに支払われる剰余金の配当のことを「四半期配当」といいます。

　配当は、「普通配当」「特別配当」「記念配当」といった区別がされることもあります。普通配当とは、いわゆる一般的な「配当」のことです。特別配当とは、ある事業年度に利益が増加したものの、今後については不透明な場合に、とりあえず「特別」という名目で、その期

に増配するものです。記念配当とは、会社の創立や創業などを「記念」してその期に増配するものです。

➢ 配当金額の決定方法

従来、日本の会社においては、業績の動向にかかわらず、一定の配当を継続的に支払うことが重要視されていました。たとえば、1株当たり5円の配当を毎年継続的に実施するといったことです。

ただし、最近は「当期純利益の一定割合を配当金の額とする（配当性向を何割とする）」「業績が伸びれば配当金の額を増やす」「業績が低迷すれば配当金の額を減らすまたは無配にする」といった考え方をとる会社が増えてきています。たとえば、当期純利益の金額が100億円であれば、そのうち30％の金額である30億円を配当金の額とするといった考え方です。

➢ 配当性向

配当金の額は、1株当たり年10円といったように1株当たりの金額で示されます。この配当金の額が、その会社の当期純利益のうちどの程度の割合を占めているかを示す指標が「配当性向」です。配当性向は、次のように求められます。

$$配当性向(\%) = \frac{配当金総額（年）}{当期純利益} \times 100 = \frac{1株当たり配当金（年）}{1株当たり当期純利益} \times 100$$

配当性向が低いということは、株主に対する利益の還元が少ないということです。ただし、配当性向が低い場合、内部留保率が高くなることから財務基盤が強くなる可能性があります。一方、配当性向が高い場合、内部留保率が低くなることから財務基盤が弱くなる可能性があります。また、成長している会社の場合、設備投資等に資金を振り

向ける必要性が高いことから、配当性向が低くなる傾向があります。そのため、配当性向が単に低いからといって、株主のことを考えていない会社であると一概にいうことはできません。

当期純利益は変動幅が大きいため、配当金の額を、配当性向ではなく、株主資本配当率（DOE：Dividend On Equity ratio　株主資本に対する一定割合）に基づく金額とする企業もあります。

┃ ６．新株予約権付社債とは

株式を「一定期間」「一定の価格（権利行使価額または転換価額）」で「一定株数」取得することができる権利である新株予約権が付与された社債のことです。新株予約権は、社債と分離譲渡できません。

・転換社債型新株予約権付社債（CB：Convertible Bond）

原則として新株予約権の行使に際して払い込むべき金額が社債の発行価額と同額となっており、新株予約権を行使するときは、必ず社債が償還され、社債の償還金額が新株予約権の行使に際して払い込むべき金額に充当される形態のものをいいます。

〈CBの特徴〉

「額面価格100円」「転換価額1,000円」のCBを発行している会社の株価が1,000円から1,200円に上昇すると、時価1,200円の株式を1,000円で取得できることから、CBの価格は理論上適正な価格である120円前後の価格まで上昇します。一方、株価が下がっても、CBは償還日には額面価格で償還されることとなっているため、他の同期間同格付けの債券の最終利回りの水準まで値下が

りすると、それ以上株価が下がっても下がらなくなります。

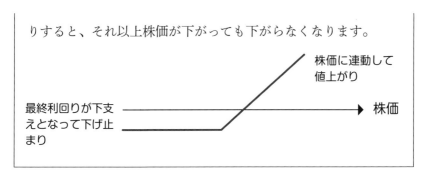

・（狭義の）新株予約権付社債

　新株予約権を行使しても、社債部分は償還されず、新株予約権の行使に際して、別途取得代金を払い込む形態のものをいいます。

➢ 新株予約権付社債の発行による資金調達

　転換社債型新株予約権付社債は、社債でありながら、株式としての性格も有しています。新株予約権が行使されるまでは、社債として、あらかじめ決められた利払日に利子の支払いがされ、償還日まで新株予約権の権利が行使されなかった場合には額面金額で償還されます。その意味では、転換社債型新株予約権付社債の発行による資金調達は、デットファイナンスといえます。

　一方、新株予約権が行使された場合、転換社債型新株予約権付社債の社債部分が償還され、社債の償還金額が新株予約権の行使に際して払い込むべき金額に充当されることから、それ以降、利子や償還金の支払いは不要となります。ただし、新株の発行に伴う配当金の支払いが必要となります。つまり、調達資金が負債から自己資本に代わるということです。この意味では、エクイティファイナンスといえます。

　なお、（狭義の）新株予約権付社債の場合、新株予約権の権利が行使されても、社債部分は償還されず、別途、新株予約権の行使に際して必要な資金が払い込まれるため、デットファイナンスとエクイティ

ファイナンスの双方の性格を有したものといえます。

　　新株予約権の権利行使は、一般に株価が権利行使価額を上回る
　と、時価よりも安い価格で株式を取得できることから、株価上昇
　の過程で段階的に行われ、資本の額が徐々に増加します。そのた
　め、公募増資などと比べて、1株当たり利益の希薄化が一度に発
　生することがありません。つまり、段階的に新株予約権の権利行
　使がされるため、その間に利益を拡大していけば、1株当たり利
　益の希薄化を回避できるといえます。

➤　転換価額修正条項付転換社債型新株予約権付社債

　転換価額修正条項付転換社債型新株予約権付社債（MSCB：Moving
Strike Convertible Bond）とは、一般に転換社債型新株予約権付社債の
転換価額が、当該会社の株価が変動すると、随時修正が行われる形態
のものをいいます。

　新株予約権付社債発行後、発行会社の株価が転換価額を下回ってい
ても、転換価額が定期的に見直し（下方修正）されるため、新株予約
権の行使が安定的にされることが期待できます。

　ただし、安い価格で権利行使され、大量の新株が発行された場合、
1株当たり利益が希薄化し、既存株主の利益が損なわれるおそれがあ
るため、転換価額修正条項付転換社債型新株予約権付社債の発行にあ
たっては、一定のルールが設けられています。

第 4 章

その他のファイナンス手法

1．メザニンファイナンス

メザニンファイナンス（Mezzanine Finance）とは、「デットファイナンス」と「エクイティファイナンス」の中間に位置するファイナンス手法です。メザニンとは「中二階」という意味です。

メザニンファイナンスに対峙する言葉に、シニアファイナンスという言葉があります。銀行等金融機関による融資や、社債の発行による資金調達といった、一般にデットファイナンスといわれるものの多くはシニアファイナンスに該当します。

これに対して、メザニンファイナンスとは、シニアファイナンスよりも弁済順位が低く、リスクも高く、金利も相対的に高くなるファイナンス手法のことです。代表的なものに、劣後ローンやハイブリッド証券（劣後債、永久債、優先出資証券等）の発行などによる資金調達があります。

> ➢　**劣後ローン**

劣後ローンは、弁済順位が他の債務より低い、無担保の融資のことです。借り手が経営破綻等した際には、元利金の弁済順位が他の債務よりも後になります。無議決権株式に近い性格があるため、債務者にとっては自己資本に近い性格を持ちます。一方、債権者にとっては、弁済順位が通常の債務よりも低く、万が一の時に回収できないリスクが大きい反面、金利は通常の債務より高めに設定されます。

会計上は負債であり、自己資本に算入できませんが、格付機関の評価等では資金調達額の一定割合が自己資本と認められるため、株式の希薄化なしに、財務体質を強化できる点がメリットとされます。劣後ローンは、銀行・保険会社・証券会社等では自己資本規制比率上の自己資本の一部とみなされることから、金融危機や経営難の際に、多くの金融機関が劣後ローンで資金調達を行ったりします。

➢ **劣後債**

　無担保で発行される社債を一般に無担保債といいますが、無担保債と比べて、元利金の支払い順位が低い社債を劣後債といいます。債務不履行のリスクが大きい分、利回りは相対的に高く設定されます。劣後債は、劣後特約が付されており、破産や会社更生手続き開始など、劣後特約で定められた「劣後事由」が発生すると、無担保債などの一般債務の支払いの後に弁済がされます。

　劣後債は、その企業の清算時に、残余財産の弁済順位が優先される無担保債など一般債務と弁済順位が最も低い株式との中間的性格を持っています。金融機関の発行する劣後債については、一定の制限の下、自己資本比率規制上において自己資本として計上することができることから、金融機関の自己資本増強策として利用されることがあります。

　劣後債は、一般債務には劣後して弁済されますが、株式などには優先して弁済されることから、株式と一般債務の中間的性格を有しています。償還期限がなく、発行体が存続する限り利子のみ支払われ続ける永久債と組み合わされた永久劣後債というものもあります。なお、劣後債は、無議決権の優先株式に類似したものといえますが、優先株式は株式であるため無配となっても債務不履行とはみなされないのに対し、劣後債は債務であるため利払いの停止があると債務不履行とみなされます。

　一般に複数の社債を裏付けとして発行される資産担保証券の一種である「社債担保証券（CBO：Collateralized Bond Obligation）」などの証券化商品は、リスク度合いが異なるいくつかの階層（トランシェ）に分けて証券が発行されることがあり、そのうち、最も安全なものを

「優先債（シニア債）」、中間的なものを「メザニン債」、最もリスクが高いものを「劣後債（ジュニア債）」といいます。

劣後債は、ハイリスク・ハイリターンのため、元利金の支払いを優先的に受けることができない（債務弁済の順位が劣る）一方、利回りは高くなります。

➢ 永久債

永久債とは、国や企業等が資金調達のために発行する債券の一種で、満期がない債券のことをいいます。あらかじめ決められた償還日に元本が償還される「有期債」に対して、元本償還の規定がなく、発行体が存続する限り、永久に利子の支払いだけが続けられる債券です。なお、一般に発行体が望む場合は償還可能ですが、投資家（購入者）は償還を請求できません。

デットファイナンスの手法で資金調達をすると資金の弁済が必要となり、エクイティファイナンスの手法で資金調達をすると１株当たり利益が希薄化して株価下落要因となるおそれがありますが、永久債の発行により資金調達をした場合は、資金の弁済が不要であり、１株当たり利益の希薄化もありません。ただし、高い信用力が必要であり、調達コスト（利回り）も高くなります。

➢ 優先出資証券

協同組織金融機関や特別目的会社（SPC：Special Purpose Company）が自己資本の充実を図るため、投資家から広く出資を募る目的で発行される証券のことです。「議決権」がない一方、「優先的配当」を受ける権利があるなど、株式会社における優先株式に類似した性格を有します。発行条件はさまざまですが、償還期限が長期もしくは定められておらず、議決権がなく、配当率があらかじめ定められているといっ

た条件で発行されるものが多いといえます。

2．ストラクチャードファイナンス

　ストラクチャードファイナンス（Structured Finance）は、「仕組み金融」とも訳され、企業が保有する資産や事業等を切り離して、その資産や事業等から生み出されるキャッシュフローを裏付けとした資金調達手法のことです。

　たとえば、企業の特定資産をバランスシートから切り離し、SPCなどに移転して、その資産から生み出されるキャッシュフローを裏付けとして証券化等を行い資金調達する手法です。当該企業のバランスシートから切り離すことにより、当該証券を「資産そのものの信用力」で評価することが可能になり、当該企業自身の信用力よりも上位の格付けを取得することも可能になります。

　一般にストラクチャードファイナンスは、利用する企業にとって、資金調達手段の多様化や効率化、オフバランス化によるバランスシートのスリム化、自己資本利益率（ROE：Return On Equity）や自己資本比率の向上など、財務面のメリットがあります。

　各種債権や不動産の証券化のほか、プロジェクトファイナンスなどもストラクチャードファイナンスの一例です。

➢　証券化の代表的なスキーム

　証券化の代表的なスキームとしては、企業が保有する債権を特別目的会社（SPC）に譲渡し、資産担保証券（ABS：Asset Backed Security）を発行して、資金調達がされたりします。

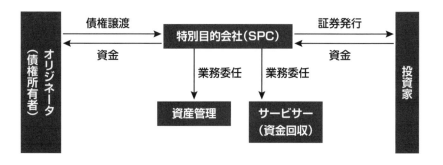

➢ プロジェクトファイナンス

　プロジェクトファイナンスでは、ある特定の事業から得られる収益を裏付けとして融資が行われます。担保になっているのは、その特定事業の資産であり、追加の担保が取られることはありません。

　つまり、プロジェクトファイナンスにおいて、銀行等金融機関は、会社が行おうとする事業の将来の予想収益に対してリスクをとり、一般的な融資よりも高い収益の獲得を目指します。なお、このようなリスクを分散するため、他の金融機関の参加も求めるのが一般的です。また資産証券化（セキュリタイゼーション）の手法が組み合わされることもあります。

　プロジェクトファイナンスにおいては、一般にプロジェクトを実施する特別の会社（特別目的会社：SPC）が設立され、SPCが事業者として資金調達を行います。資金調達の際の担保は、事業から発生する収益と事業の持つ資産のみが対象となり、事業を行おうとする本来の会社への債務保証を求めない「ノン・リコース（非遡及型）ローン」の形態で行われます。

〈プロジェクトファイナンスのメリット〉
* プロジェクトファイナンスによる借入金は当該事業を実質的に行う企業のバランスシートに債務として計上されません。

- 当該事業を実質的に行う企業の財務内容や信用力に左右されない資金調達が可能となります。
- プロジェクトファイナンスを利用すれば、当該事業のリスクを細分化したうえ、自らのリスクを最小化することができます。

3. ABL（動産・売掛金担保融資）

　ABL（Asset Based Lending）とは、従来から融資の担保とされている「不動産」の代わりに、企業が保有する「商品（在庫）」、農家が保有する「農畜産物」、運送業者の「トラック」といった動産や売掛債権などの流動資産を担保（動産・売掛債権担保）に融資する手法です。経済産業省は「ABLとは、企業の事業そのものに着目し、事業に基づくさまざまな資産の価値を見極めて行う貸出し」と定義しています。これまで担保としてあまり活用されてこなかった動産等が評価され、新規の融資枠が設定されることで、資金調達手法が広がり、必要なタイミングで必要な運転資金を借りることができるようになることが期待されています。

〈ABLの例〉
- 農林漁業者は、生産物などを担保に提供
- 金融機関は担保評価を行い、貸出枠を設定（担保評価は必要に応じて評価機関を活用）
- 農林漁業者は、貸出枠の範囲で借入れ
- 農林漁業者は、契約に基づき、定期的に事業内容、担保物件の状況等を金融機関に報告
- 金融機関は農林漁業者からの報告を基に評価替えを行い担保額が減少するなどの場合には融資枠を調整

▌4．クラウドファンディング

　クラウドファンディング（Crowd-Funding）とは、多くの人から資金調達する方法です。クラウドファンディングでは、仲介事業者が設置したオンラインプラットフォームを活用して、資金提供者から資金需要者（金融機関等から十分な資金を調達できない中小企業等）へ、資金の提供等が行われます。

　日本においては、2011年頃からオンラインプラットフォームを活用したクラウドファンディングが行われるようになっています。当初は購入型や寄付型（災害支援、地域支援、難病支援等）が中心でしたが、最近では投資型や融資型のクラウドファンディングが拡大しています。

種類			概要
金融型	投資型	ファンド型	資金提供者が資金調達者と匿名組合出資契約※等を締結して資金を提供し、配当を受ける方式
		株式型	資金提供者が資金調達者に資金を提供する見返りに株式を受け取り、配当を受ける方式
	融資型		貸金業法上の契約に基づき、資金提供者が融資して、元利金の支払いを受ける方式
購入型			民法上の売買契約に基づき、資金提供者が資金拠出の対価として、商品やサービス、制作に参加する権利等を取得する方式
寄付型			資金提供の見返りがない寄付行為の方式
選択型			融資をするか、株式を取得するかを選択する方式

※　匿名組合契約とは、匿名組合員が営業者の営業のために出資をし、その営業から生ずる利益を分配することを約する契約のことです。

投資型（株式型）クラウドファンディング

募集総額（手数料込み）　　　　件数

（データ出所）日本証券業協会

融資型クラウドファンディング

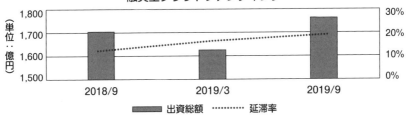

出資総額　　　　延滞率

（データ出所）第二種金融商品取引業協会

融資型クラウドファンディング電子申込型電子募集取扱出資総額

（データ出所）第二種金融商品取引業協会

➤　株式投資型クラウドファンディング

　株式投資型クラウドファンディングとは、非上場の成長企業等にリスクマネーを提供することを目的に、金融商品取引法等の改正および日本証券業協会の自主規制規則の整備により、2015年5月に創設された制度です。株式投資型クラウドファンディングで、同一の会社が

資金調達できる金額は、1年間に1億円未満とされています。また、1人の投資家が、同一の会社が発行する株式に対して1年間に出資できるのは50万円以下です。

株式投資型クラウドファンディングは、金融商品取引法の規制対象である株式を取り扱うため、仲介事業者は金融商品取引業者として登録を受ける必要があります。また、日本証券業協会の自主規制規則の規制も受けます。

仲介事業者は、株式発行会社の財務状況、事業計画の妥当性や資金使途等を審査し、適当と認めたものだけを取り扱うことができます。電話や訪問による出資の勧誘は禁止されており、ウェブサイトの閲覧や電子メールによる勧誘だけが認められています。また、取り扱う株式や会社の概要、資金調達等の内容をウェブサイトにおいて公表することとされています。なお、仲介事業者は、投資経験や預り資産等についての取引開始基準を定め、適合性の確認ができた投資家との間でのみ、取引を行うことができます。

株式投資型クラウドファンディングで発行される株式は、非上場の株式であることから、換金性が著しく乏しくなっています。そのため、取得の申込日から8日間は、申込みの撤回または契約の解除をすることができます。

➢ 融資型クラウドファンディング（ソーシャルレンディング）

一般に融資（貸付）型クラウドファンディングとは、インターネットを用いてファンドの募集を行い、投資家からの出資金を、融資（貸付）型クラウドファンディングの仲介者（ファンド業者）が企業等に貸し付ける仕組みのことです。

ファンド業者が行う行為は、ファンド持分の募集または私募の取扱い等に該当するため、金融商品取引法の規制対象となり、ファンド業

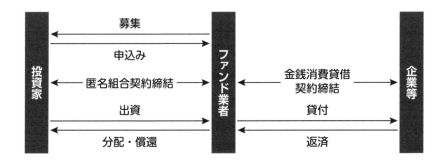

者は第二種金融商品取引業の登録を受ける必要があります。また、貸金業者として貸金業法上の登録を受ける必要もあります。

　ファンド業者は、ファンドの募集等にあたっては、次のような投資の判断に影響を及ぼすこととなる事項を記載した書面をあらかじめ交付することとされています。

〈記載事項の一例〉

- 出資対象事業持分取引契約に関する事項（金銭の払込み、解約、顧客の権利および責任の範囲など）
- 出資対象事業の運営に関する事項（出資対象事業の内容および運営の方針、運営者の商号または氏名、配当等の方針など）
- 出資対象事業の経理に関する事項（出資対象事業持分の総額、配当等の総額・支払方法など）
- そのほか、金銭の管理の方法、分別管理の実施状況、資金の流れに関する事項など
- ※　貸付先の情報開示
- 貸付先の属性（法人の商号・名称および所在地、業種・事業内容、利害関係の状況等）
- 貸付条件（貸付額や金利、貸付予定日、貸付期間等）
- 貸付先の資金使途

- 回収可能性に影響を与える情報（貸付先の財務状況または財務情報、担保情報（担保の有無、担保の種類や評価額、評価方法等）、貸付先の債務超過や返済猶予等の状況）
- 審査態勢（審査体制、審査手続き等）
- 貸付債権の管理・回収方針・態勢（貸付契約において期限の利益が喪失した場合の具体的な回収プロセス等）
- 借換えに関する情報（貸付金の使途が既存債権の返済である旨や貸付先の回収可能性の概要等）
- 借換えを想定している情報（貸付先による借換えが想定される旨や借換えが生じる場合に想定される資金調達方法、借換えが行えなかった場合に貸付金の回収が困難となるリスク等）
- 返済遅延等に関する情報（当該事業者の他のファンドにおける分配・償還に影響を与える返済遅延やデフォルトの発生等）　など

　借り手が法人で、事業スキームが匿名組合契約で、投資家と借り手の接触禁止措置が図られている場合には、借り手の情報開示をしても、投資家について貸金業の登録は不要とされています。

　創業間もない場合や赤字等の理由で、銀行等金融機関から融資を受けることが困難な会社等は、融資（貸付）型クラウドファンディングを利用することで、新たな資金調達の途が開かれます。ただし、融資金利は、銀行等金融機関からの融資の場合よりも高くなるといえます。
　一方、投資家にとっては、超低金利の状況下、高利回りの新たな資金運用対象となります。ただし、高利回りである分、デフォルト等のリスクも高くなっているといえます。そのため、ファンド業者が開示するさまざまな情報を十分確認したうえで、投資の判断をする必要があるといえます。

第 5 章

企業価値評価

企業価値（EV）とは、事業価値に非事業価値（遊休資産等の非事業資産の価値）を加えたもので、事業価値とは、株式価値（株式時価総額）に負債価値（ネット有利子負債の時価額＝有利子負債－現預金－短期保有価証券）を加えたものです。また、事業価値の評価は、一般にDCF（Discounted Cash Flow）法により行われます。

▌1．DCF法による事業価値評価

　会社は、株式（自己資本）と負債で調達した資金を用いて事業を行います。事業の成果は、将来のキャッシュフローとして実現され、投資家等（融資等を行った銀行等金融機関含む）に還元されます。

　会社は、事業を行う場合、将来期待できるキャッシュフローが投資金額に見合うかどうかを検討して、その事業を行うかどうかを判断します。投資家等も将来期待できるキャッシュフローに基づき、資金提供するかどうかを判断します。このような判断をする場合、一般に将来期待できるキャッシュフローを現在の価値に置き換えて評価します。将来のキャッシュフローの現在価値を求める手法を「DCF法（Discounted Cash Flow Method）」といいます。

☞　**将来価値と現在価値って？**

　現在の100万円と将来の100万円を比べると現在の100万円のほうが将来の100万円よりも一般に価値が高いといえます。現在の100万円を預金したり、リスクのない金融資産に投資したりすれば、通常、利息等が付いて将来100万円以上になるからです。投資をする際には、現在のキャッシュフロー（現在保有するお金）が将来どれだけの価値になるかを考えることは非常に重要なことです。投資元本（P）を1年間r％で運用した場合、1年後には、次のようになります。

$$F_1 = P \times (1+r)$$

　上記の計算式からわかるように、1年後に投資元本（P）は、F_1になります。このF_1を「将来価値（FV：Future Value）」といいます。投資期間が1年間ではなくn年間で、毎年の運用利回りがr％で一定とすると、投資元本（P）のn年後における将来価値は、F_nになります。

$$F_n = P \times (1+r)^n$$

　現在100万円の現金があり、この現金をこれから2年間、金利10％で運用したとします。そうすると、2年後、現在の100万円は、次のようになります。

$$F_2 = 100万円 \times (1+0.1)^2 = 121万円$$

　投資をする際に、将来のキャッシュフローを現在の価値に置き直すと、どれほどの価値になるかを考えることも重要です。このように現在の価値に置き直したものを「現在価値（PV：Present Value）」といいます。1年後に受け取ることができるF_1という資金があり、これから1年間の運用利回りをr％とすると、F_1の現在価値（P）は、次のようになります。

$$P = \frac{1}{(1+r)} \times F_1$$

　n年後に受け取ることができるF_nという資金があり、これからn年間の運用利回りをr％とすると、F_nの現在価値（P）は、次のようになります。

$$P = \frac{1}{(1+r)^n} \times F_n$$

「1÷（1＋r)^n」は、n年先に受け取る1円当たりの現在価値を
表しています。

　たとえば、1年間だけ行う事業に係る1年後のキャッシュフローを
C_1とすると、当該事業の事業価値である現在価値（PV）は、次のよ
うな計算式で求めることができます。

$$PV = \frac{C_1}{(1+r)}$$

　事業価値を評価する場合、一般に分子のキャッシュフローとして
は、フリー・キャッシュフロー（FCF：Free Cash Flow）を用います。
また、分母の割引率（r）は、金融資産のキャッシュフローの現在価
値を求める場合には、一般に当該期間の金利を用いますが、事業価値
を評価する場合には、通常、資本コスト（WACC）を用います。

2．フリー・キャッシュフロー

　フリー・キャッシュフロー（FCF）とは、会社本来の事業活動によ
り獲得したキャッシュフロー（営業キャッシュフロー）から、事業の
ため、投資に回したキャッシュフローを差し引いたものです。

　フリー・キャッシュフローは、経営者の経営判断により自由に使途
を決めることが可能な資金です。つまり、会社が戦略的な事業展開を
行う際の元手となったり、また借入金を返済して財務の健全性を高め
る場合の返済原資にもなったりします。会社経営において、フリー・
キャッシュフローを増やすことは重要です。フリー・キャッシュフ

ローがマイナスの場合、資産の売却や金融機関からの借入れなど、資金調達が必要となります。業績が良い会社でも多額の設備投資等を行った場合には、その年の投資活動によるキャッシュフローのマイナスの値が大きくなり、それに伴ってフリー・キャッシュフローの値がマイナスになることもあるため注意が必要です。フリー・キャッシュフローは、次のような算式で求めることができます。

FCF＝税引後営業利益＋減価償却費－設備投資額－正味運転資本増加額

　なお、FCFを連結キャッシュフロー計算書から算出する場合には、「FCF＝営業キャッシュフロー（CF）＋投資キャッシュフロー（CF）」で求めるのが一般的です。

　キャッシュフローの計算方法には、直接法と間接法がありますが、実務で多く採用されている間接法では、営業CFと投資CFは、次のように求められます。

〈営業CFの計算方法〉		〈投資CFの計算方法〉	
税引前当期純利益	＋	有形固定資産の取得による支出	－
減価償却費	＋	無形固定資産の取得による支出	－
有価証券売却益	－	有形固定資産の売却による収入	＋
受取利息および受取配当金	－	無形固定資産の売却による収入	＋
支払利息	＋	有価証券の取得による支出	－
売掛金の増加額	－	有価証券の売却による収入	＋
たな卸資産の減少額	＋	資金の貸付による支出	－
買掛金の減少額	－	貸付金の回収による収入	＋
…		…	
小計		投資CF	
利息および配当金の受取額	＋		
利息の支払額	－		
…			
法人税等の支払額	－		
営業CF			

> ## 連結キャッシュフロー計算書

　企業会計上の損益は必ずしも現金等の収支と一致しません。損益計算書上は多額の利益があっても現金等が不足すれば企業は倒産（黒字倒産）に追い込まれます。また、金融機関からの借入れは現金の増加につながりますが、損益計算書上の収益ではありません。減価償却費は、損益計算書上は費用となりますが、現金等の支出はありません。

　損益計算書とは別に、企業のキャッシュフローの状況を開示することは、企業の現金創出能力や支払い能力の実態等を把握するために重要との観点から、上場企業等には「連結キャッシュフロー計算書」の

作成が義務付けられています。

　連結キャッシュフロー計算書には、「営業活動によるキャッシュフロー」「投資活動によるキャッシュフロー」「財務活動によるキャッシュフロー」「現金および現金同等物に係る換算差額」「現金および現金同等物の増加額または減少額」「現金および現金同等物の期首残高」「現金および現金同等物の期末残高」の状況などが記載されています。

　現金とは、手許現金および要求払預金（普通預金、当座預金、通知預金）のことです。現金同等物とは、容易に換金可能で、価値の変動について僅少なリスクしか負わない短期投資をいいます。具体的には、取得日から満期日までの期間が3か月以内の「定期預金」「譲渡性預金」「コマーシャル・ペーパー」「現先取引」「公社債投資信託」などが該当します。

(2019年3月期　H株式会社)

	前連結会計年度 (自　2017年4月1日 至　2018年3月31日)	当連結会計年度 (自　2018年4月1日 至　2019年3月31日)
営業活動によるキャッシュ・フロー		
税金等調整前当期純利益	56,805	62,287
減価償却費	30,151	30,906
貸倒引当金の増減額（△は減少）	△347	802
受取利息及び受取配当金	△2,503	△3,122
支払利息	1,621	1,377
為替差損益（△は益）	741	△544
固定資産売却損益（△は益）	△209	△96
投資有価証券売却損益（△は益）	△1,691	△1,055
固定資産処分損益（△は益）	366	1,121
投資有価証券評価損益（△は益）	776	279
減損損失	－	2,242
為替換算調整勘定取崩益	－	△1,299
売上債権の増減額（△は増加）	△16,633	△21,949
たな卸資産の増減額（△は増加）	△6,933	△26,937
仕入債務の増減額（△は減少）	18,645	12,410
前受金の増減額（△は減少）	3,487	△3,129
その他	4,380	12,186
小計	88,657	65,479
利息及び配当金の受取額	2,507	3,142
利息の支払額	△1,652	△1,412
法人税等の支払額	△36,365	△12,260
① 営業活動によるキャッシュ・フロー	53,146	54,949
投資活動によるキャッシュ・フロー		
有形固定資産の取得による支出	△12,279	△15,932
有形固定資産の売却による収入	640	354
投資有価証券の取得による支出	△2,362	△639
投資有価証券の売却による収入	2,741	1,600
貸付けによる支出	△4,634	△7,381
貸付金の回収による収入	5,299	7,339
その他	△3,955	△6,788
② 投資活動によるキャッシュ・フロー	△14,550	△21,448

①＋②
が FCF

(単位：百万円)

	前連結会計年度 (自　2017年4月1日 至　2018年3月31日)	当連結会計年度 (自　2018年4月1日 至　2019年3月31日)
現金及び現金同等物に係る換算差額	△374	338
現金及び現金同等物の増減額（△は減少）	△8,664	△4,333
現金及び現金同等物の期首残高	41,886	33,329
連結の範囲の変更に伴う現金及び現金同等物の増減額（△は減少）	108	138
現金及び現金同等物の期末残高	33,329	29,134

☞　減価償却って？

　減価償却とは、時間の経過や使用により価値が減少する固定資産を取得した際に、取得費用をその耐用年数に応じて費用計上していく会計処理のことです。なお、耐用年数とは、実際にその資産を用いる期間ではなく、法律により定められている各資産の使用可能期間です。土地のように時間の経過や使用により価値が減少しないものは、減価償却資産には含まれません。また、使用可能期間が 1 年未満のものまたは取得価額が10万円未満のものなどは、その取得に要した金額の全額を業務の用に供した年分の必要経費とします。

　資産の取得に要した費用のすべてを一括して費用計上するよりも、収益を得るために当該資産を利用した期間に応じて費用計上したほうが、費用収益対応の原則[※]からみて適切と考えられることから、減価償却の方法がとられています。なお、減価償却費の計算方法としては、「定額法」や「定率法」などがあります。

定額法	減価償却の対象となる固定資産の購入代金を法定耐用年数の期間で同額ずつ償却していく方法
定率法	減価償却の対象となる固定資産の購入代金を毎年未償却の金額から一定の割合で償却していく方法

※　費用収益対応の原則とは、ある会計期間の収益獲得に貢献した費用だけをその期の費用として認識するという会計原則です。

➢　連結貸借対照表（Balance Sheet　略称B／S）

　貸借対照表の表示方法については、金融商品取引法の規定で上場会社等は、資産、負債、純資産の順に上から下へ配列する「報告式」で表示することになっています。一方、それ以外の会社は、一般に左側

（借方）に資産、右側（貸方）に負債と純資産を記入する「勘定式」
で表示しています。

〈資産の部〉	〈負債の部〉	〈純資産の部〉
流動資産	流動負債	株主資本
固定資産	短期借入金	その他の包括利益累計額
有形固定資産	固定負債	新株予約権
無形固定資産	社債	非支配株主持分
投資その他の資産	長期借入金	
資産合計	資産合計	純資産合計

➤ 連結損益計算書（Profit and Loss　略称P／L）

項目		備考
売上高	a	
売上原価	b	
売上総利益（売上総損失）	c	a − b
販売費及び一般管理費	d	
営業利益（営業損失）	e	c − d
営業外収益	f	受取利息、配当金、その他の営業外収益
営業外費用	g	支払利息、その他の営業外費用
経常利益（経常損失）	h	e + f − g
特別利益	i	固定資産売却益等
特別損失	j	災害損失等
税引前当期純利益（当期純損失）	k	h + i − j

法人税等	l	
法人税等調整額	m	
当期純利益（当期純損失）	n	k－l－m

〈計算書類と財務諸表〉

　会社法では、株式会社は、各事業年度に係る計算書類（貸借対照表、損益計算書、株主資本等変動計算書、個別注記表）および事業報告並びにこれらの附属明細書を作成することとされています。金融商品取引法（連結財務諸表の用語、様式及び作成方法に関する規則）では、上場会社等は、連結財務諸表（連結貸借対照表、連結損益計算書、連結包括利益計算書、連結株主資本等変動計算書、連結キャッシュフロー計算書、連結附属明細表）を作成することとされています。

　事業価値の計算にあたっては「連結貸借対照表」「連結損益計算書」「連結キャッシュフロー計算書」などに掲載されている情報を用います。

3．資本コスト

　資本コスト（Cost of Capital）とは、会社に資金を提供した人が期待する収益率（Expected Return）または要求収益率（Required Return）のことです。資本コストを上回る投資成果が期待できない事業は、資金提供者が採算割れになることから、一般に資金調達は難しいといえます。

　なお、この場合の資本には、自己資本のほか負債で調達した他人資本も含まれます。言い換えると、資本コストは「株式コスト（株主が

期待する収益率)」と「負債コスト（借入金利等）」から構成されます。

　日本では、配当金の支払いをしなければ、株式コストはゼロではないかと考える（株主を軽視した）経営者もいないとはいえませんが、株式コストを含む資本コストを上回る収益を目指した株主重視（企業価値向上）の経営が求められています。

　株式への投資は、収益率が確定しない（リスクが高い）投資であることから、株主はその見返りに「リスクプレミアム」を求めます。そのため、一般に負債コストよりも株式コストは高くなります。

　「エクイティファイナンス」と「デットファイナンス」を組み合わせて資金調達をして行った新規事業の収益率が、借入金利を上回る収益率をあげていれば、企業会計上は黒字の事業となりますが、それだけでは株主の期待に応えていません。新規事業を行う場合には、資本コストを上回る成果が期待できるかを十分検討して行う必要があります。

　株主重視の経営や企業価値向上を目指している会社は、経営指標に、資本コストの額を上回る利益をどれだけあげているかを表す「経済的付加価値（EVA：Economic Value Added）」を採用したりしています。

➢ 株式コスト

　株式コストとは、株主が期待する収益率のことです。負債コストが借入金利や社債の発行コストとして明確であるのに対して、株式コストは明確ではありません。

　一般に株式コストは、資本資産評価モデル（CAPM：Capital Asset Pricing Model　キャップエム）を用いて求められます。具体的には、株式市場全体の期待収益率からリスクフリーレート（Rf）を控除した

ものをマーケット・リスクプレミアム（MRP）とし、「リスクフリー
レート」に「マーケット・リスクプレミアムに当該企業のβ値を掛け
た値」を加えたものを当該会社の株式コストと考えます。

MRP（%）＝株式市場全体の期待収益率－Rf
株式コスト（%）＝Rf＋MRP×β値

　β値が高い会社ほど、株式コストは高くなります。一般に成熟企業
のβ値は低い傾向にあり、成長企業のβ値は高い傾向にあります。な
お、日本では、株式市場全体の期待収益率は一般に東証株価指数
（TOPIX）の収益率から求められ、リスクフリーレート（Rf）は10年
長期国債の収益率から求められます。

　どの程度の期間を対象にするかによってマーケット・リスクプレミ
アムの値は異なってきますが、1952年以降のデータから求めると、
TOPIXの配当込月次収益率の平均は約10％、リスクフリーレート（長
期国債の収益率）の平均は約5％であることから、マーケット・リス
クプレミアムは5％程度となります。

　株式コストの算出方法としては、CAPM以外の方法が用いられるこ
ともありますが、「リスクファクターが単一のβ値であること」「リス
ク・リターン関係が一次式であること」「データの入手が容易である
こと」「ノーベル経済学賞を受賞したモデルであること」などの理由
で、CAPMが利用されるのが一般的です。

☞　CAPM（資本資産評価モデル）って？

　CAPM（Capital Asset Pricing Model：キャップエム）とは、資
本市場理論（Capital Market Theory）の代表的なもので、効率的
な市場において、リスク資産の均衡価格はどのように形成される

のかを説明する理論のことです。CAPMでは、すべての投資家が危険回避者で、市場が効率的で、あらゆる情報をもとに証券のリスクを正しく評価できるのであれば、その価格はβ値によって決定されると考えます。

　個別証券やポートフォリオのリスクは、「システマティック・リスク（市場リスク：市場全体の要因で発生するリスク）」と「アンシステマティック・リスク（非市場リスク：その証券固有の要因で発生するリスク）」に分けることができます。アンシステマティック・リスクは、ポートフォリオの組入銘柄数を増やせば、一定水準まで低減しますが、システマティック・リスクは、ポートフォリオの組入銘柄数を増やしても低減しません。CAPMでは、分散投資により、相当程度除去できるアンシステマティック・リスクは考慮せずに（無視できる誤差として）、システマティック・リスクのみをリスクとみます。また、リスクとしては「標準偏差」ではなく、「β値」をリスクとして用います。

　この理論は、1960年代に「シャープ」「リントナー」「モッシン」らにより提唱されたもので、シャープはこの業績により、1990年にノーベル経済学賞を受賞しています。

　市場が効率的であるためには、多くの投資家が存在し、すべての投資家が情報を瞬時に入手することができ、取引コストなしで証券の取引ができることなどが条件です。効率的な市場のもとでは、証券価格は新しい情報に瞬時に反応するので、個々の投資家は市場平均（株価指数）を上回る収益を持続的にあげることはできません。

☞　β値って？

β（ベータ）値とは、市場全体（TOPIX等）の収益率を横軸に、個別銘柄の収益率を縦軸にしたグラフ上に、それぞれの時点の実績値をプロットし、そのプロットした点に対して引いた近似線（回帰直線）の傾きのことです。

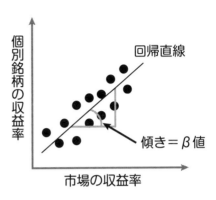

β値は、個々の銘柄の収益率と市場の収益率との連動性の度合いを表しており、β値が1より大きければ市場の動き以上にその銘柄は変動し、1よりも小さければ市場の動きよりも変動が小さいことを表します。仮に、β値が1.2の銘柄があれば、市場が10％上昇すれば、その銘柄は12％上昇することを意味します。β値が1であれば、市場と同じ動きをすることになります。したがって、β値をその銘柄のリスクと考えることもできます。なお、β値は、一般に過去のデータをもとに求めます。このようなβ値のことを、ヒストリカル・ベータと呼びます。β値は「市場（TOPIX等）の収益率と対象となる銘柄の収益率の共分散」を「市場の収益率の分散」で除したものになります。

$$\beta 値 = \frac{市場の収益率と対象銘柄の収益率の共分散}{市場の収益率の分散}$$

上記図の回帰直線上へのあてはまりがよくなければ、β値の信頼性はあまりないといえます。このあてはまりの良し悪し（誤差の度合い）を示す尺度に「決定係数」というものがあります。決

定係数の値は、0から1の間で推移し、1に近いほど回帰直線のあてはまりの度合いが高いことになります。

分散（Variance）とは、各期の収益率（R_t）から対象期間の平均収益率（R_m）を控除した値を二乗した値の平均値のことです。

$$分散 = \frac{(R_1 - R_m)^2 + (R_2 - R_m)^2 + \cdots + (R_n - R_m)^2}{n} = \frac{1}{n} \times \sum_{t=1}^{n} (R_t - R_m)^2$$

共分散（Covariance）とは、2つの収益率の対象期間の各偏差（各期の収益率（R_tとX_t）と平均収益率（R_mとX_m）との差）の積の平均値のことです。

$$共分散 = \frac{1}{n} \times \sum_{t=1}^{n} (R_t - R_m)(x_t - x_m)$$

➢ 加重平均資本コスト（WACC）

株式コストと負債コストを、株式比率と負債比率で加重平均したものを「加重平均資本コスト（WACC：Weighted Average Cost of Capital ワック）」といいます。WACCは、調達した資本に対し、どのぐらいのコストがかかっているのかを示すものです。

株式比率と負債比率は、一般に次のように求められます。当然のことながら、この比率の違いで資本コストは変わってきます。

株式比率＝株式 ÷（株式＋負債）＝1－負債比率
負債比率＝負債 ÷（株式＋負債）＝1－株式比率

　一般に上記式の株式の値は、株式時価総額（＝株価×発行済株式総数）の金額が用いられます。負債の値は、純有利子負債（＝有利子負債−現預金−短期保有有価証券）の金額が用いられます。なお、負債のない企業の場合は、負債比率がゼロになるため、WACCは株式コストと同じになります。

　会社は、株式（自己資本）と負債で調達した資金を用いて事業を行いますが、上記の株式と負債の割合を資本構成（Capital Structure）といいます。

　上記のことから、加重平均資本コスト（WACC）は、次のような計算式で求めることができます。

$$WACC = \frac{D}{V} \times I + \frac{E}{V} \times R$$

D　：負債の額（純有利子負債の額）
I　：負債コスト（％）
E　：株式時価総額
R　：株式コスト（％）
V　：D＋E

　ただし、税金を考慮すると、負債には節税効果（支払金利相当分税額が軽減される効果：P14参照）があるため、一般に税額を考慮したうえでWACCは求められます。その場合の計算式は、次のようになります（「t」は税率：2020年3月末現在の日本の法人税の実効税率は「29.74％（約30％）」です）。

$$WACC = \frac{D}{V} \times (1-t) \times I + \frac{E}{V} \times R$$

➢ WACCの計算例

〈前提条件〉
- 純有利子負債の額を20億円と仮定
- 株価600円、発行済株式総数500万株
- 税引前の負債コスト2%、法人税の実効税率30%と仮定
- リスクフリーレートを1%と仮定
- マーケット・リスクプレミアムを5%と仮定
- β値を1.2と仮定

株式時価総額＝600円×500万株＝30億円
株式比率＝30億円÷(30億円＋20億円)＝60%
負債比率＝20億円÷(30億円＋20億円)＝40%
株式コスト＝1%＋5%×1.2＝7%
WACC＝40%×(1－30%)×2%＋60%×7%＝4.76%

　WACCを求める際に必要なリスクフリーレートの値は、10年長期国債の過去一定期間の利回り、もしくはその時点の利回りなどが用いられます。また、β値としては過去3年(36か月)から5年(60か月)程度の月次収益率から求めたβ値などが用いられます。

➢ 未上場会社のβ値

　上場会社の場合には、取引所における市場価格の月次の収益率などからβ値を求めることができます。一方、未上場会社の場合には、市場価格がないため、β値の算定ができません。未上場会社のβ値を求める場合には、当該会社と類似した事業を営む上場会社のβ値をレバレッジ(負債比率)の影響を除いた資産βに変換して推定します。

> 資産β＝株式β ÷ ｛1＋（1－実効税率）×（純有利子負債÷株式
> 　　時価総額）｝

類似会社の株式β（レバードβ）┐
　　　　　　　　　　　　　　　├→ 資産β（アンレバードβ※）
対象会社の株式β（レバードβ）┘

> 株式β＝資産β×｛1＋（1－実効税率）×（純有利子負債÷株式
> 　　時価総額）｝

※　レバードβとは（負債のある会社の）一般的なβのことで、アンレバードβ
とは負債のない会社のβのことです。

　上場類似会社3社の「株式時価総額」「純有利子負債」「株式β」が
次の表の通りであったと仮定します。

	A社	B社	C社
株式時価総額	5,000	8,000	5,000
純有利子負債	1,000	2,000	1,500
D／Eレシオ※	0.20	0.25	0.30
株式β	1.20	1.23	1.27

※　純有利子負債÷株式時価総額＝D／Eレシオ

> A社の資産β＝1.20 ÷ ｛1＋（1－0.3）× 0.20｝＝1.0526…
> B社の資産β＝1.23 ÷ ｛1＋（1－0.3）× 0.25｝＝1.0468…
> C社の資産β＝1.27 ÷ ｛1＋（1－0.3）× 0.30｝＝1.0495…

　類似会社3社の資産βの値から、対象会社の資産βは、平均値であ
る1.05（≒（1.0526 ＋ 1.0468 ＋ 1.0495）÷ 3 ）と推定します。また、対

象企業のD／Eレシオは、平均値である0.25（＝（0.20＋0.25＋0.30）÷3）と推定します。

これにより、対象会社の株式βは、次のようになります。

対象会社の株式β＝1.05×｛1 ＋ (1−0.3)×0.25｝＝1.2337…

4．DCF法による事業価値の計算

毎期のFCFが一定の事業の価値は、次のように求めることができます。

$$事業価値＝\frac{FCF}{(1+WACC)}+\frac{FCF}{(1+WACC)^2}+\frac{FCF}{(1+WACC)^3}+\cdots=\frac{FCF}{WACC}$$

無限等比級数の和の公式により上記式は右辺の式となります。

毎期のFCFが定率（g％）で成長する場合の事業の価値は、次のように求めることができます。

$$事業価値＝\frac{FCF}{(1+WACC)}+\frac{FCF×(1+g)}{(1+WACC)^2}+\frac{FCF×(1+g)^2}{(1+WACC)^3}+\cdots=\frac{FCF}{(WACC-g)}$$

無限等比級数の和の公式により上記式は右辺の式となります。

また、n期目までの毎期のFCFがFCF_1〜FCF_nで、n期目の翌期からのFCFが毎期定率（g％）で成長するとした場合の事業価値は、次のように求めることができます。

まず、n期目におけるn期目の翌期からの価値を求めます。この価値を継続的価値（TV：Terminal Value）といいます。

$$TV=\frac{FCF_n\times(1+g)}{(1+WACC)}+\frac{FCF_n\times(1+g)^2}{(1+WACC)^2}+\frac{FCF_n\times(1+g)^3}{(1+WACC)^3}+\cdots=\frac{FCF_n\times(1+g)}{WACC-g}$$

g ＝成長率、g ＜ WACC

その後、n 期目までの毎期の FCF である FCF_1 ～ FCFn と TV を WCC で割り引くことにより事業価値を求めます。この場合、TV は n 期目における価値であることから、「n ＋ 1」乗ではなく、「n」乗で割り引きます。

$$事業価値＝\frac{FCF_1}{(1+WACC)}+\frac{FCF_2}{(1+WACC)^2}+\cdots+\frac{FCF_n}{(1+WACC)^n}+\frac{TV}{(1+WACC)^n}$$

成長率としては、一般に定率成長モデルであるサステイナブル成長率（持続可能成長率）を適用します。サステイナブル成長率とは、外部からの資金調達に依存せずに、新株発行による資本増強がないと仮定した場合に、内部投資のみで実現できる成長率のことです。

サステイナブル成長率＝自己資本利益率（ROE）
×再投資率（内部留保率）

➤ 事業価値の計算例

〈前提条件〉
• 期待 FCF は 10 億円で一定、WACC は 5.0％と仮定

$$事業価値 = \frac{10\,億円}{(1+0.05)} + \frac{10\,億円}{(1+0.05)^2} + \frac{10\,億円}{(1+0.05)^3} + \cdots = \frac{10\,億円}{0.05} = 200\,億円$$

〈前提条件〉

- 期待FCFは1年後の10億円から毎年1％ずつ増加、WACCは5.0％と仮定

$$事業価値 = \frac{10\,億円}{(1+0.05)} + \frac{10\,億円 \times (1+0.01)}{(1+0.05)^2} + \frac{10\,億円 \times (1+0.01)^2}{(1+0.05)^3} + \cdots$$

$$= \frac{10\,億円}{(0.05 - 0.01)} = 250\,億円$$

〈前提条件〉

- 期待FCFは当初3年間10億円で一定、4年目から毎年1％成長、WACCは5.0％と仮定

$$TV = \frac{10\,億円 \times (1+0.01)}{(1+0.05)} + \frac{10\,億円 \times (1+0.01)^2}{(1+0.05)^2} + \frac{10\,億円 \times (1+0.01)^3}{(1+0.05)^3}$$

$$+ \cdots = \frac{10\,億円 \times (1+0.01)}{0.05 - 0.01} = 252.5\,億円$$

$$事業価値 = \frac{10\,億円}{(1+0.05)} + \frac{10\,億円}{(1+0.05)^2} + \frac{10\,億円}{(1+0.05)^3} + \frac{252.5\,億円}{(1+0.05)^3}$$

$$= 245.35\cdots億円 \fallingdotseq 245\,億円$$

▌ 5．事業投資の採算性評価

　事業から生み出される将来の期待FCFの現在価値（事業価値）と

当該事業に係る投資コストとの差額を NPV（Net Present Value：正味現在価値）といいます。

> ## NPV＝期待FCFの現在価値－投資コスト

　NPV がプラスになる事業は価値を創造する事業であることから、当該事業を実施するのが適当といえます。反対に NPV がマイナスの事業は価値の喪失につながることから、当該事業は見送るのが適当といえます。

NPV ＞ 0　⇒　価値を創造　⇒　当該事業は実施

NPV ＜ 0　⇒　価値を喪失　⇒　当該事業は見送り

　たとえば、ある事業に係る投資コストが 50 億円、WACC が 4.76 ％で、当該事業から生み出される毎年の期待FCFが「3 億円」の場合と「2.38億円」の場合を考えてみます。

$$期待\,FCF\,が\,3\,億円の場合の\,NPV=\frac{3\,億円}{0.0476}-50\,億円≒13\,億円$$

$$期待\,FCF\,が\,2.38\,億円の場合の\,NPV=\;=\frac{2.38\,億円}{0.0476}-50\,億円≒0\,円$$

　期待FCF2.38億円がこの事業の採算ラインです。そのため、期待FCFが2.38億円を上回るのであれば、当該事業を行ってもよいと考えられます。

　上記の投資コスト 50 億円のうち、30 億円が自己資本で、残りの 20 億円が負債、税引前の負債コストが 2 ％、株式コストが 7 ％、法人税の実効税率が 30％、その結果、WACC が 4.76％であったとします。

　この場合、1 年間の負債コストは 0.28 億円（＝ 20 億円×（1 － 0.3）× 2 ％）で、株式コストは 2.1 億円（＝ 30 億円× 7 ％）です。

当該事業から生み出される翌年のFCFが「3億円」「2.38億円」「2億円」の場合を考えてみます。負債コストは0.28億円で一定ですので、FCFが3億円の場合の株主に帰属する分は2.72億円、FCFが2.38億円の場合の株主に帰属する分は2.1億円、FCFが2億円の場合の株主に帰属する分は1.72億円となります。

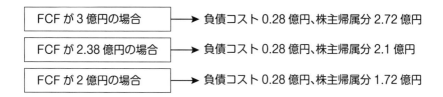

　FCFが2.38億円を上回る場合、株主は期待収益率を上回る収益を得ることができます。一方、FCFが2.38億円を下回る場合、株主の収益は期待収益率を下回ります。言い換えると、NPVがプラスの場合、その分は株主に帰属し、NPVがマイナスの場合は、その分の負担は株主に帰属するということです。

➢　NPVとWACCの関係

　下図は、期待FCFが2.38億円で一定とした場合に、WACCが4.76％から変化すると、NPVがどのように変化するかを表したものです。

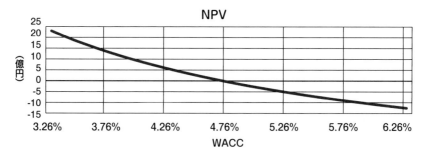

　WACCは、「負債比率」「負債コスト」「株式コスト」などが変化す

ると変わります。事業投資の採算性を評価する場合には、期待FCF
の予想とともに、WACCの前提となる「負債比率」「負債コスト」「株
式コスト」の変化にも留意する必要があります。

➢ IRR（内部収益率）による事業投資の採算性評価

内部収益率（IRR：Internal Rate of Return）とは、「投資コスト」と
「期待FCFの現在価値」が等しくなる割引率rのことです。期待FCF
の現在価値と当該事業に係る投資コストとの差額であるNPVがゼロ
となる割引率ということもできます。

$$投資コスト = \frac{FCF_1}{(1+r)} + \frac{FCF_2}{(1+r)^2} + \cdots + \frac{FCF_n}{(1+r)^n}$$

$$\frac{FCF_1}{(1+r)} + \frac{FCF_2}{(1+r)^2} + \cdots + \frac{FCF_n}{(1+r)^n} - 投資コスト = 0$$

NPVで事業の採算性を評価する場合、期待FCFの現在価値と当該
事業に係る投資コストとの差額がプラスかどうかで判断します。IRR
で事業の採算性を評価する場合、期待FCFの現在価値と投資コスト
が等しくなる割引率（IRR）を求め、当該IRRがWACCよりも高いか
どうかで判断します。つまり、WACCよりも高ければその事業は採算
性がある事業と考え、WACCよりも低ければ採算性のない事業と考え
ます。

なお、IRRを求めることにより、当該事業の収益率を算出すること
ができますが、その事業がどの程度の価値を生み出すかがわかりませ
ん。また、IRRがWACCよりも高い事業が2つあった場合、IRRと
WACCの差がより高い事業のNPVよりも、IRRとWACCの差がそれよ
りも低い事業のNPVのほうがプラスの金額が大きい場合、IRRの観点
からは前者の事業のほうが有利と考えられますが、企業価値向上のた
めにはNPVの金額が大きい事業のほうが有効であるため、後者の事

業が一般に選択されます。

> ## リアルオプションを取り入れた事業の評価

　リアルオプションとは、ある状況が明らかになった段階で、事業を拡大したり、縮小したり、撤退したりする選択肢があることをいいます。リアルオプションを取り入れた事業は、柔軟性があることから、一般に事業価値は高くなります。

　たとえば、新製品の展開をいきなり本格的に行う場合と、マーケティングの結果次第で本格的に展開するかどうかを選択できる場合とでは、後者のほうが、事業リスクが軽減されるため、事業価値は高くなります。また、土地を購入して、いきなり大規模な工場を建設する場合と、まずは土地だけ購入して、景気動向を見ながら工場の建設を行うかどうかを決定する場合とでも、後者のほうが、事業リスクが軽減されるため、事業価値は高くなります。

　これらの評価にあたっては、一般に期待FCFの確率分布等を用いて、事業価値の評価がされます。リアルオプションという選択肢を取り入れることにより、NPVによる事業の採算性評価では、見送りとされた事業についても、実施の判断がされることがあります。

▌6．最適資本構成

　負債を梃子（てこ）のように利用して、収益性を高めることを「財務レバレッジ」を利かせるといいます。負債コストは、一般に株式コストより低いため、負債の比率を高めたほうが、WACCが低下し、事業価値が向上するように思えますが、法人税が課されない場合には、理論上、株式コストはD／Eレシオ（＝純有利子負債の額÷株式時価総額）に比例して高くなるため、事業価値は変わりません（P74「未上場会社のβ値」参照）。つまり、財務レバレッジが高くなると、リ

スクが高まることから、株式コストが上昇（株主がより高いリターンを要求）し、WACCが低下しないからです。

D／Eレシオ	0倍	0.5倍	1倍	1.5倍
負債比率	0％	33%	50%	60%
株式比率	100%	67%	50%	40%
β値	1	1.5	2	2.5
株式コスト	10.0%	12.5%	15.0%	17.5%
負債コスト	5％	5％	5％	5％
WACC	10.0%	10.0%	10.0%	10.0%

※　リスクフリーレートと借入れコストは5％で一定、マーケット・リスクプレミアムは5％と仮定
※　実務上は、負債比率が上昇すると、財務の健全性が低下することから、負債コスト（資金調達コスト）も上昇すると考えられます。

　一方、法人税を考慮すると、理論上、負債の節税効果分、事業価値は向上すると考えられます。ただし、負債比率が高くなると、デフォルト（債務不履行）リスクが高くなります。つまり、負債比率が高い場合、経営環境が悪化して利益やキャッシュフローが低下してしまうと、デフォルトになる可能性が高くなり、コストアップの要因となります。このようなコストは、デフォルトコストといえます。

負債がある会社の事業価値＝負債がない会社の事業価値
　　　　　　　　　　　　＋負債の節税効果
　　　　　　　　　　　　－デフォルトコスト

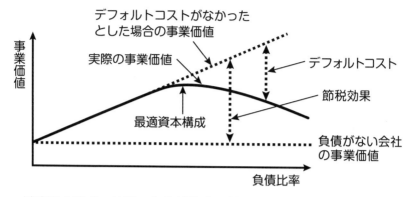

デフォルトコストがなかった
とした場合の事業価値

実際の事業価値 ━━ デフォルトコスト

事業価値

節税効果

最適資本構成

負債がない会社
の事業価値

負債比率

　最適資本構成の位置より負債比率が低いときは、負債の節税効果が
デフォルトコストを上回るため、負債比率を高めることで、事業価値
は向上します。ただし、現実の世界においては、より安全性をとるた
め、最適なポイントよりも低い負債比率を選択する会社が多いといえ
ます。

▎7．企業価値評価の各種指標

➤ **安全性の分析**

　安全性の分析とは、会社の負債に対する返済能力（流動性）を分析
したり、資金の源泉と使途との適合性や資本構造の健全性を評価した
りすることです。これらの分析は、会社の財政状態を表す貸借対照表
の勘定科目間の比較分析が中心となります。

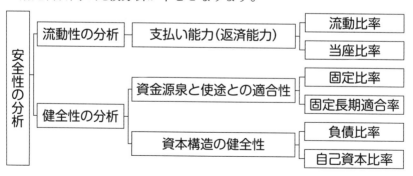

〈流動比率〉

　短期の債務の返済に充当できる比較的現金化が容易な「流動資産」が、短期に返済しなければならない「流動負債」の何割あるかをみよう

流動資産	流動負債	負債
	固定負債	
固定資産	純資産	

とするものです。流動比率の値は、200％以上であることが理想とされています。

流動比率（％）＝流動資産÷流動負債×100

〈当座比率〉

　流動資産のうち、特に短期間に現金化できる資産（現・預金、受取手形、売掛金、一時所有の有価証券等）を当座資産といい、この当座資

当座資産	流動負債	負債
	固定負債	
固定資産	純資産	

産が、短期に返済しなければならない「流動負債」の何割あるかをみようとするものです。当座比率の値は、一般に100％以上が望ましいとされています。

当座比率（％）＝当座資産÷流動負債×100

〈固定比率〉

　資金の回収に長期の時間等を要する「固定資産」が、返済期限のない「自己資本」の何割あるかをみようとするものです。

流動資産	流動負債	負債
	固定負債	
	自己資本	純資産
固定資産	その他	

　固定資産は、返済期限のない安定した自己資本で賄うことが理想で

あることから、固定比率の値は、一般に100％以下が望ましいとされています。

固定比率（％）＝固定資産÷自己資本×100

　なお、ここで使用する自己資本とは、一般に純資産から新株予約権と非支配株主持分（連結ベースの場合）の金額を控除したものをいいます。

〈固定長期適合率〉

　資金の回収に長期の時間等を要する「固定資産」が、返済期限がない（自己資本）または返済期限が長期のもの（固定負債）等（長期性資本）

流動資産	流動負債	負債
	固定負債	
	自己資本	純資産
固定資産	その他	

の何割あるかをみようとするものです。固定長期適合率も固定比率と同様に、100％以下であることが望ましく、その数値は低ければ低いほどよいとされています。

固定長期適合率(％)＝固定資産÷(自己資本＋固定負債)×100

〈負債比率〉

　自己資本に対する有利子負債の割合をみようとするものです。この比率が低ければ低いほど財務の安全性は高まることから、負債比率の値

流動資産	流動負債	負債
	固定負債	
	自己資本	純資産
固定資産	その他	

は、100％以下が望ましいとされています。

負債比率（％）＝負債÷自己資本×100

〈自己資本比率〉

　総資本に対する自己資本の割合をみようとするものです。この比率が高ければ高いほど、有利子負債の利子負担等が軽減されることから、財務の安全性は高まることになります。

	流動資産	流動負債	負債
総資本		固定負債	
	固定資産	自己資本	純資産
		その他	

自己資本比率（％）＝自己資本÷総資本×100

➢ 資本利益率の分析

〈総資産利益率（ROA：Return on Asset）〉

　ROA（アールオーエー）とは、会社が投下しているすべての資本（総資本、総資産と同額）による収益力、つまり、会社の総合的な収益力を示します。このため、総資本事業利益率ともいいます。ROAは、一般に事業利益を総資産で除して求めます。

$$ROA(\%)=\frac{事業利益}{総資産（期首・期末平均）}\times100$$

　事業利益とは、他人資本（負債）への報酬である金融費用を控除する前の営業利益に、金融収益（受取利息、受取配当金、持分法投資利益）を加えたもので、会社の全体的な利益を表します。

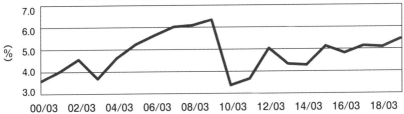

東京証券取引所市場第一部 ROA（金融機関除く）

〈自己資本利益率（ROE：Return on Equity）〉

　ROE（アールオーイー）とは、効率的に資本を利用して利益をあげているかどうかを見る収益性の指標です。現在、多くの経営者が経営目標としてROEの向上（たとえば最低8％以上にすること等）を掲げています。

$$ROE(\%) = \frac{当期純利益}{自己資本（期首・期末平均）} \times 100$$

　上記の式から、当期純利益の額が同じであれば、自己資本の額を小さくすればするほど（必要な資金を負債で賄えば賄うほど）、ROEが高くなることがわかります。この観点からいえば、ROEを高めるためには、自己資本を倒産リスクがない程度に小さくすればよいといえます。ただし、負債比率（＝負債÷自己資本）が高くなりすぎると、財務の健全性の観点から問題が出てくるといえます。

　負債（借入金等）を利用して収益性を高めることができるのは、事業に投下される資本が生み出す事業利益率が、負債の利子率よりも高いというのが前提です。利益率が負債の利子率よりも低ければ、負債を利用して事業を行うとROEは下がることになります。

東京証券取引所市場第一部 ROE

〈投下資本利益率（ROIC：Return on Invested Capital)〉

　ROIC（ロイック）とは、事業に投下した資本に対してどれだけの利益をあげているかを見る収益性の指標です。事業から得られる利益である税引後営業利益（NOPAT：Net Operating Profits After Tax　ノーパット）を事業に投じた投下資本で除すことにより求められます。

$$ROIC(\%) = \frac{NOPAT}{投下資本} \times 100$$

　なお、NOPATは、以下のように求められます。

$$NOPAT = 営業利益 \times （1 - 税率）$$

〈ROEとROICとの比較〉

　ROEは収益性を表す指標として重視される指標ですが、ROEは株主に帰属する自己資本に対する収益率を表す指標であり、ROEの水準は財務レバレッジの影響を受けます。一方、ROICは事業に投下した資本に対する収益率を表す指標であり、ROICの分母である投下資本には自己資本と負債のどちらも含まれるので、財務レバレッジの影響は受けません。

　なお、自己資本に対するコストが株式コストであることから、ROEの比較対象は株式コストとなります。ROEの水準が株式コストを上回っていれば、会社は付加価値を生み出しているといえます。反対に、ROEの水準が株式コストを下回っていれば、会社は株主が要求する収益率を満たしていないということになります。

　ROICの分母には自己資本と負債の合計である投下資本が使われています。投下資本のコストはWACCであることから、ROICの比較対

象はWACCとなります。ROICの水準がWACCを上回っていれば、会社は付加価値を生み出しているといえます。反対に、ROICの水準がWACCを下回っていれば、会社は資本提供者（債権者と株主）が要求する収益率を満たしていないということになります。

〈資本利益率の分解〉

資本利益率は「売上高利益率」と「資本回転率」に分解することができます。

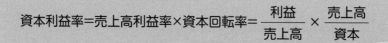

資本利益率＝売上高利益率×資本回転率＝$\dfrac{利益}{売上高} \times \dfrac{売上高}{資本}$

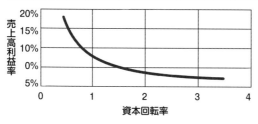

左図は、資本利益率が8％になる売上高利益率と資本回転率の関係を表したものです。薄利多売の企業は、資本回転率を高めることで、資本利益率を向上することができることがわかります。

➢ 経済的付加価値（EVA：Economic Value Added）

株主の利益の最大化を図ることが、会社経営の大きな目標となってきていますが、このような経営の効率性を測るモノサシのひとつに、米国のコンサルタント会社スターン・スチュワート社が開発したEVA（イーブイエー）があります。一般的な会計上の利益は、資本コスト（Cost of Capital）の額は差し引きませんが、EVAは、投下した資本に係るコストを考慮したうえで、どれだけの利益があがっているかを見るものです。EVAは、NOPATから資本コストの額を控除することで求められます。

EVA＝税引後営業利益（NOPAT）－資本コストの額

資本コストの額は、「投下資本の額」に「WACC」を掛けることにより求められます。

資本コストの額＝投下資本の額×WACC

投下資本の額には、一般に負債（借入金等の他人資本）と自己資本（株式時価総額）があります。EVAは、株主が期待する収益率もコストとしているのが特徴です。この値を高めるためには、単に利益をあげるだけではなく、WACCを上回る利益をあげる必要があります。そうしなければ、株主を重視した経営を行っているとはいえないことになります。

➤ EV／EBITDA倍率

EV（イーブイ）とは「企業価値」という意味で、株式時価総額に有利子負債を加え、現預金などを控除した金額のことです。このEVは、会社の買収に必要な時価総額と見ることもできます。

EV＝株式時価総額＋有利子負債－現預金－短期保有有価証券

EBITDA（イービットダー）とは、会社の利益の水準を表す指標のひとつで、「利払前、税引前、減価償却前の利益」のことです。簡便的には、営業利益に減価償却費を加えて計算されます。EBITDAは、各国の金利・税制・会計基準による違いを最小限にした、国際的な収益力を比較するために考えられた利益指標で「イービットディーエー」とも呼ばれています。

EBITDA＝税引前利益＋支払利息＋減価償却費

EV／EBITDA倍率とは、EVがEBITDAの何倍あるかを表すものです。この倍率が低ければ株価は割安ということになり、倍率が高ければ割高ということになります。

$$EV／EBITDA倍率 = \frac{EV}{EBITDA}$$

この倍率は、会社買収に必要な額と当該会社が保有する負債の返済に必要な金額の合計がEBITDAの何年分にあたるかを表す指標ともいえます。そのため、この倍率は、簡易買収倍率とも呼ばれています。

EV／EBITDA倍率（TOPIX対象銘柄）

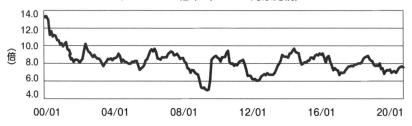

> ➤ **配当利回り**

配当利回りとは、株価に対する1年間の配当金の割合のことで、次のような算式により求められます。

$$配当利回り(\%) = \frac{1株当たり年間配当金}{株価} \times 100$$

通常、1株当たりの年間配当金は予想配当金が使われますが、株式市場全体の配当利回りを求める場合には、実績配当金が使われることもあります。現在、預貯金金利の低下により、配当利回りが見直されています。なお、配当利回りを評価指標として用いる場合、配当の額や株価は確定したものではないということに留意する必要がありま

す。また、会社は、通常、その期の当期純利益のすべてを配当に充てるのではなく、一部または全部を将来の成長のための蓄えとして、内部留保に回します。そのため、その会社を適正に評価するためには、その他の指標も併せて見る必要があります。

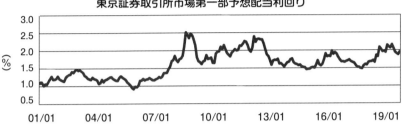

東京証券取引所市場第一部予想配当利回り

➢ 株価収益率（PER：Price Earnings Ratio）

株式の価値を測る尺度として、よく使われるものにPER（ピーイーアール）があります。PERとは、株価が1株当たり純利益（EPS：Earnings Per Share　イーピーエス）の何倍になっているかを見るものです。PERが低いほど相対的に株価の割安度合いが高いことを意味します。

$$PER（倍）＝\frac{株価}{1株当たり純利益（EPS）}$$

EPSは、一般に純利益の額を発行済株式数から自己株式数を控除した株式数で割ることにより求められますが、この純利益は、通常、予想純利益が用いられます。ただし、株式市場全体の統計では実績値が用いられることもあります。

PERを用いて株価を評価する場合には、妥当な水準というものがないため、相対的な比較で割安か割高かを判断するしかありません。相対比較の仕方としては、次のような方法があります。

- 同業種の銘柄間比較
- 同一銘柄の過去のPER水準との比較
- 個別銘柄のPERと市場全体のPERとの比較

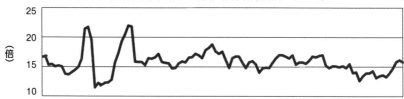

東京証券取引所市場第一部予想株価収益率（PER）

PERの分母である純利益の伸び率が年平均10％であれば8年で純利益の額は倍になります。もし、純利益の伸び率が年平均20％であれば4年で倍になります。そのため、純利益の伸び率が高い会社のPERは、一般に成熟した会社のPERより相対的に高くなっています。ただし、このような純利益の伸び率が高い会社を評価する場合には、その成長率がいつまで続くのかを見極めることが重要です。なお、EPS算出の際の基になる純利益には、土地売却益などの特別損益が含まれるため、その会社本来の収益力を表さないことがあることに注意が必要です。

〈PERの計算式の分解〉

PERの計算式は、次のように展開することができます。

上記の展開式から、配当性向が同じ会社であれば配当利回りが低い

会社のほうが PER は高くなり、配当利回りが同じ会社であれば配当性向が高い会社のほうが PER は高くなるといえます。

➤ 株価純資産倍率（PBR：Price Book-Value Ratio）

PBR とは、株価が 1 株当たり純資産（BPS：Book-Value Per Share ビーピーエス）の何倍になっているかを見るものです。PBR が低いほど相対的に株価の割安度合いが高いことを意味します。

$$PBR（倍）＝\frac{株価}{1株当たり資産（BPS）}$$

BPS とは、純資産の部の金額から「新株予約権」「非支配株主持分（連結ベースの場合）」などの金額を控除した金額（自己資本）を、発行済株式数から自己株式数を控除した株式数で割った金額です。

PER が利益というフローの面に着目したものであるのに対し、PBR はストックの面に着目している点に特色があります。BPS は、会社の解散価値を示すものです。したがって、理論的には PBR は 1 倍を割ることはないといえます。もしも、PBR が 1 倍以下で、倒産する心配もなく、業績も良い会社があれば、投資対象として妙味がある会社と判断できます。

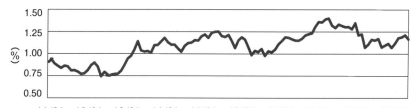

東京証券取引所市場第一部株価純資産倍率（PBR）

〈PBRの計算式の分解〉

PBR の計算式は、次のように展開することができます。

$$PBR（倍）＝ \frac{株価}{BPS} = \frac{EPS}{BPS} \times \frac{株価}{EPS} = ROE \times PER$$

　上記の展開式から、ROEが同じ会社であればPERが高い会社のほうがPBRは高くなり、PERが同じ会社であればROEが高い会社のほうがPBRは高くなるといえます。言い換えれば、ROEが高いのにPBRが相対的に低い会社は、PERも相対的に低い会社ということになります。収益性の尺度ともいえるROEと成長性の尺度ともいえるPERを組み合わせたものをPBRだとみなせば、単に割安度合いを探るだけでなく、収益性と成長性の高い銘柄を選別するモノサシとしても利用できます。

　日本の上場株式のPBRとROEの関係を見ると、ROEが7％〜8％程度を超える近辺からPBRの水準が高くなる（1倍近辺を上回ってくる）傾向があります。ROEの水準が低い（収益力が低い）段階では、株価は資産価値で評価される一方、ROEの水準が高くなると、収益力で評価されるようになるためと考えられます。言い換えると、黒字にもかかわらずPBRが1倍を下回っている会社は、収益力が低い（収益が低迷し、株主が期待するコストを達成できていない）会社と見ることができます。

> ### 配当割引モデル

　配当割引モデル（DDM：Dividend Discount Model）とは、株式評価モデルのひとつで、株価の理論価格はその株式を継続して保有した場合に将来支払われる配当の現在価値の合計値であるとする考え方です。各期に予想される1株当たり配当を、投資家の要求する利回り（期待収益率）で現在価値に割り引いた値の合計が、現在の適正な株

価ということになります。この値と実際の株価とを比較し、割高か割安かを判断します。各期の配当を見通して、同額の配当が続くのか、少しずつ増えていくのかなど、仮定の置き方の違いによって計算方式が異なります。

〈定額配当割引モデル（ゼロ成長モデル）〉

定額配当割引モデル（ゼロ成長モデル）は、毎年一定額の配当が支払われるという前提に基づくものです。

$$P = \frac{D}{(1+r)} + \frac{D}{(1+r)^2} + \frac{D}{(1+r)^3} + \cdots = \frac{D}{r}$$

P ：理論株価

D ：一定の配当の額

r ：株主が期待する収益率（％）

〈定率成長配当割引モデル〉

定率成長配当割引モデルは、毎年一定の割合で配当の額が成長するという前提に基づくものです。

$$P = \frac{D}{(1+r)} + \frac{(1+g) \times D}{(1+r)^2} + \frac{(1+g)^2 \times D}{(1+r)^3} + \cdots = \frac{D}{r-g}$$

P ：理論株価

D ：１年後の配当の額

r ：株主が期待する収益率（％）

g ：配当成長率

r ＞ g ≧ 0

〈二段階成長配当割引モデル〉

二段階成長配当割引モデルは、定率成長配当割引モデルを応用したもので、高い成長率を達成した後、安定した成長率の維持が見込める場合など、配当額の成長率が一定ではなく、ある期間までとある期間以降とで異なる成長率だという前提に基づくものです。

$$P= \frac{D}{(1+r)} + \frac{(1+g_1)\times D}{(1+r)^2} + \cdots + \frac{(1+g_1)^{m-1}\times D}{(1+r)^m} + \frac{(1+g_2)\times D_m}{(1+r)^{m+1}}$$

$$+ \frac{(1+g_2)^2\times D_m}{(1+r)^{m+2}} + \cdots + \frac{(1+g_2)^{n-m}\times D_m}{(1+r)^n}$$

$$=D\times \sum_{t=1}^{m} \frac{(1+g_1)^{t-1}}{(1+r)^1} + D_m\times \sum_{t=m+1}^{n} \frac{(1+g_2)^{t-m}}{(1+r)^1}$$

P	：理論株価
D	：１年後の配当の額
Dm	：m年後の配当の額で（$1+g_1$)$^{m-1}\times D$
r	：株主が期待する収益率（％）
g_1	：１〜m年までの配当成長率
g_2	：m＋１年以降の配当成長率

$r > g_1 \geqq 0$、$r > g_2 \geqq 0$、通常は$g_1 > g_2$

■ 8．マルチプル法による企業価値の検証

コーポレートファイナンスにおいて、企業価値の算定は、一般にDCF法で行いますが、DCF法で算定された企業価値の価格については、類似企業のEV／EBITDA倍率などを用いて検証（マルチプル法で検証）します。

たとえば、DCF法で算定したA社の企業価値（EV）＝ 4,455で、

EBITDA＝507であったと仮定すると、A社のEV／EBITDA倍率は、8.78倍になります。

$$EV／EBITDA倍率＝4,455÷507≒8.78倍$$

この場合において、A社の類似企業であるX社とY社のEV／EBITDA倍率が次のようであったとします。

〈類似企業X社〉
　EV＝8,700　EBITDA＝916　と仮定
　EV／EBITDA倍率＝8,700÷916≒9.50倍

〈類似企業Y社〉
　EV＝12,000　EBITDA＝1,420　と仮定
　EV／EBITDA倍率＝12,000÷1,420≒8.45倍

A社のEV／EBITDA倍率は、類似企業X社とY社のEV／EBITDA倍率の範囲内にあることから、DCF法で算定したA社の企業価値の水準は妥当と考えることができます。また、類似企業のEV／EBITDA倍率の平均値からみたA社の企業価値は、次のようになります。

$$A社の企業価値＝\frac{9.50+8.45}{2}×507≒4,550$$

第 6 章

余剰資金等を用いた財務戦略

企業が保有する余剰資金（手元資金）に対しては、資本コストがかかります。そのため、余剰資金については有効活用する必要があります。余剰資金等を用いた財務戦略としては、主として以下のような方法が考えられます。

> • ペイアウト政策による企業価値の向上
> • M&A戦略による事業の拡大と企業価値の向上

※　「M&A戦略による事業の拡大と企業価値の向上」については次章参照

　企業は、事業運営のため、一定の現金を保有しておく必要がありますが、このような現金を当座預金等に預入しているだけでは、何の利益も生み出しません。そのため、当該資金の使途の時期に合わせた運用も必要となってきます。

▌1．ペイアウト政策による企業価値の向上

　株主への利益の還元である「配当」や「自社株買い」に関する企業の方針をペイアウト政策（Payout Policy）といいます。昨今、積極的なペイアウト政策により、ROEの向上を目指す企業が増えています。ペイアウトによる自己資本の削減がROE向上につながるからです。

　しかし、ノーベル経済学賞を受賞したMiller（ミラー）教授とModgliani（モジリアーニ）教授は「経営者が企業価値を毀損するような行動を選択することがなく、税金や取引コスト等がない完全市場状態で、ペイアウト政策が追加情報をもたらすことがない（情報の非対称性がない）情報効率的な世界」では、ペイアウト政策は株式の価値に影響しないとしています（配当無関連命題）。

負債がない企業について考えてみます。配当金支払前の株価が
1,000円、発行済株式数が1億株、1株当たりの配当金が50円と
します。

配当金支払前の企業価値＝1,000円×1億株＝1,000億円
配当金支払後の企業価値＝950円×1億株＝950億円
配当金の額＝50円×1億株＝50億円

配当金支払後、企業価値は950億円となりますが、配当金50
億円が支払われていることから、株主としての資産価値は、
1,000億円（＝950億円＋50億円）で同じです。つまり、ペイア
ウト政策として配当金を支払ったとしても株主の資産価値は変わ
りません。

➤　シグナル効果

　配当無関連命題にかかわらず、現実の世界では、たとえば大幅な増
配の発表があると「この増配は経営者の将来の業績に対する自信だ」
というシグナルを市場に伝える（追加情報をもたらす）ことになり、
増配発表後、株価が上昇し、株式価値が向上するといったことがしば
しば発生します（シグナル効果）。つまり、現実の世界では、ペイア
ウト政策が企業価値に影響を与える可能性があるといえます。

➤　エージェンシー問題

　本来、会社の経営者は株主の代理人として、企業価値を最大化する
経営が求められています。しかし、実際には、企業価値最大化の目的
から外れた経営をすることがあります。たとえば、経営者の自己満足
で、過大投資を行って企業価値を毀損したりすることがあります。成

熟企業で、余剰資金を多く抱えた会社ほど、このような経営をする可能性が高いといえます。

　このような経営者の自己満足を高めるための経営で、企業価値を棄損することを「エージェンシー問題」といいます。

　経営者が、自己の利益や支配欲を満たすために、企業規模の拡大等に邁進する行為を「経営者の帝国建設（Empire Building）」といいます。

　一般に成熟企業は、有益な投資案件が少なく、そのような状況で豊富な余剰資金を持つと、過大投資をする可能性が高くなります。このような場合、ペイアウトによって内部資金を減少させることにより、過大投資を回避することができます。言い換えると、ペイアウトによってエージェンシー問題を回避することができ、企業価値の毀損を回避することができるといえます。

　一般に会社の成長期には設備投資等を重視し（内部資金を配当等に回さず設備投資等に回し）、安定期から成熟期には（投資機会が少なく、内部留保する必要性が乏しいため）配当による利益還元を重視するのが適当と考えられます（ライフサイクル仮説）。

　会社が保有する現金には、成長による価値創造の側面と、エージェンシー問題による企業価値の毀損という側面があるといえます。

　日本の会社には、配当の代わりに自社株買いで利益還元を行うという考えはあまりありませんが、米国の会社には配当の代わりに自社株買いで利益還元を行うという考えが相当程度あります。そのため、米国の会社は、一時的な利益や余剰資金で自社株買い

を行うこともあります。言い換えると、米国の会社は日本の会社よりも、自社株買いは、配当と代替的かつ柔軟性のある利益還元策であるという意識を強く有しているといえます。

　なお、自社株買い実施の決定要因としては、日米の会社ともに、第1に自社株式の市場価格、第2に1株当たり利益の向上をあげています。

2．資金使途時期に合わせた余剰資金の運用

　1980年代のバブル期に、日本の会社は財テクと称して余剰資金を用いて、株式などのリスク性商品による運用を積極的に行っていました。しかし、1990年代以降の株式の大幅な下落（バブル崩壊）により、多額の損失を被ったことなどから、リスク性商品による運用が大幅に減少するとともに、株式の持合いの解消も進められました。

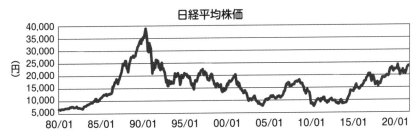

　このような中、余剰資金は、まず借入金の返済に回されましたが、2000年代後半から借入金返済の動きは一巡し、M&Aや対外直接投資、ペイアウトなどに回されるようになっています。

➤　余剰資金の運用

　資金使途の時期が明確ではない将来のための資金は、定期預金や債券など元本確保型の金融商品で運用されるのが一般的です。

1980年代のバブル期の財テクにより、多額の損失を被った企業が多く、本来の業務以外でリスクをとることは、株主に対する背任行為ではないかとの考え方から、リスク性商品で資金運用がされることは極めて少なくなっています。

　資金使途の時期が短期の場合には、現先取引など短期の金融商品で資金の運用がされることもあります。

> ### 現先取引

　現先取引とは、債券の条件付売買取引のことで、市中金利の変動にかかわらず、債券等を一定期間後に一定の価格で買い戻す、あるいは売り戻すことを条件に売買する取引のことです。

〈現先取引の特徴〉

　現先取引における債券等の売り手は、買戻しをするまでの期間、一定の利回りで資金の調達ができることから、短期の資金調達の手段となります。現先取引における債券等の買い手は、売戻しをするまでの期間、一定の利回りで資金の運用ができることから、短期の資金運用の手段となります。つまり、売買の形式をとりながら、スタート取引（個別の現先取引において、売り手が買い手に取引対象債券等を売り付ける取引）の際に、エンド取引（個別の現先取引において、買い手が売り手に同種、同量の債券等を売り戻す取引）の売買価格を決めることで、一定期間の利回りを確定する仕組みになっています。

〈現先取引の対象者〉

　現先取引ができるのは、証券会社等の金融機関以外では、上場会社またはこれに準ずる法人で、経済的、社会的に信用のあるものに限られています。個人は現先取引を行うことはできません。なお、売り現

先（資金調達）を行うのは、一般に証券会社です。一方、買い現先
（資金運用）を行うのは、投資信託、事業法人、信託銀行などです。
証券会社は、資金調達のため、自己が保有する債券等を売り現先に回
すほか、現先取引における買い方と売り方の仲介者として重要な役割
を担っています。

〈現先取引の対象となる債券等〉

　現先取引の対象となる債券は、国債、地方債、特別債、特定社債、
社債、投資法人債、これらの性質を有する外国債券などです。このほ
か、国内CPや海外CD、海外CP、外国貸付債権信託受益証券など
も、現先取引の対象となります。

〈自己現先と委託現先〉

　現先取引には「自己現先取引」と「委託現先取引」の2つの形態が
あります。自己現先取引とは、一般に証券会社等が資金調達のため
に、保有する債券等を買戻し条件付で売却する取引のことです。これ
に対し、委託現先取引とは、債券等の売り手が証券会社等以外の法人
で、証券会社等を通して、売り現先を行い、証券会社等は売り手から
買い受けた債券等を用いて売り現先を行う取引をいいます。

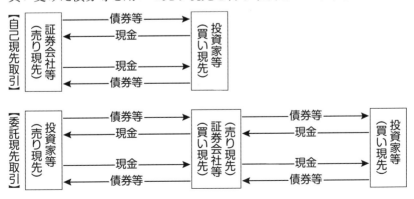

107

委託現先取引を行うに当たっては、スタート取引に係る売付日と買付日、およびエンド取引に係る買戻日と売戻日がそれぞれ同一日になるようにする必要があります。

第 7 章

M&A

M&A（Merger and Acquisition）とは、企業の合併や買収などの総称です。「世界経済の拡大やグローバル化の進展（中国やインド等の躍進）」「日本の産業構造の変化（医療福祉・サービス業の拡大、製造業の生産拠点の確保、資源の確保等）」「わが国の対外直接投資の拡大」「中小企業の後継者不在」といったことから、M&Aの件数は2007年〜2011年にかけて一時的に減少したことがあったものの、全体としては増加傾向にあります。

また、1件当たりの規模も拡大傾向にあり、2016年に行われたソフトバンクグループによる英国半導体設計大手アーム・ホールディングスの買収金額は約3.3兆円、2017年に行われたPangea（ベインキャピタルを中心とする企業コンソーシアム）による東芝メモリの買収金額は約2兆円、2018年に行われた武田薬品工業によるアイルランドの医薬品会社シャイアーの買収金額は約7兆円となっています。

なお、M&Aは中小企業の事業承継にも広く活用されています。中小企業の会社等の売却目的は「後継者不在」が最も多くなっており、後継者が親族や社内の役職員にいない場合に、M&A等によって事業が継承されることが増えています。従来、M&Aには「身売り」「マネーゲーム」といったマイナスのイメージがありましたが、昨今、M&Aのプラス面が注目され、事業承継のひとつの在り方として注目されています。

1．狭義のM&Aと広義のM&A

➢ 狭義のM&A

狭義のM&Aとは、買い手が経営権や事業の取得を目的として株式を取得するものです。経営権取得のための株式取得は、既発行株式の取得または新株の取得（第三者割当増資の引受け等）により行われますが、上場会社の既発行株式を取得する場合には、原則として公開買

付け（「買付期間」「買取り株数」「価格」を公告し、不特定多数の株主から株式等を買い集める制度）の手続きが必要となります。なお、M&A取引の90％以上は未上場株式の取得となっています。

　経営権取得のための合併は、一般に吸収合併の形態で行われます。新設合併の場合、新設会社設立に係る登録免許税が必要で、既存の営業許可等が消滅するからです。

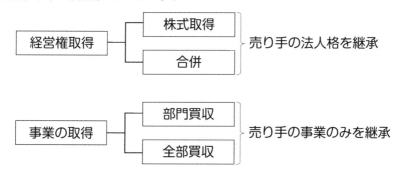

　事業の取得方法には、事業譲渡や会社分割などがありますが、一般には事業譲渡で行われます。事業譲渡とは、その事業を他の会社に譲渡することです（原則として取締役会決議事項）。一方、会社分割とは、その事業に関して有する権利・義務を分割して他の会社に承継させることです（株主総会の特別決議事項）。

〈事業譲渡〉

　株式譲渡の場合、譲渡対価は株主に支払われますが、事業譲渡の場合は売り手の企業に支払われます。

　なお、事業譲渡の場合には、譲渡する企業の法人格は引き継がないことから（個々の資産の売買や、個々の債権・債務の承継となることから）、買い手に簿外債務等を引き継ぐリスクはありません。

　事業譲渡が選択されるのは、「売り手の事業は評価できるものの、

企業内容に不透明な部分が多い場合」「売り手と買い手ともに、特定の事業の譲渡しか関心がない場合」「売り手が、企業を保有したままで、事業の一部を譲渡することを希望する場合」などです。

　事業譲渡が活用されるのは、「グループ企業の経営効率化を図る目的で、重複している事業を統合する場合」や「他社と共同出資会社を設立し、経営合理化を図る目的で同種の事業を統合する場合」「収益性が低いまたは資金調達目的で特定の事業を他社に譲渡する場合」「収益性のある事業の存続と再生を図るため、新設会社に事業を譲渡する場合」などです。

➢ 　広義のM&A

　広義のM&Aとは、資本提携や業務提携を目的とするものです。

資本提携	一方向の出資、株式持合い（互いの株式を取得） ※　経営権に影響を及ぼさない範囲で株式取得
事業再編・統合	共同出資（合弁会社設立、持株会社方式で経営統合）
業務提携	契約により相互の役割等を明確にし、経常的な関係を維持

〈資本提携〉

　資本提携（一方向の出資または株式持合い）とは、提携する会社の株式を取得することです（既発行株式取得または新株引受け）。

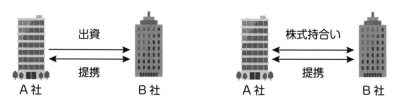

〈事業再編・統合〉

事業再編等による経営統合の場合には、複数の会社が共同で特定の事業を経営することになります。

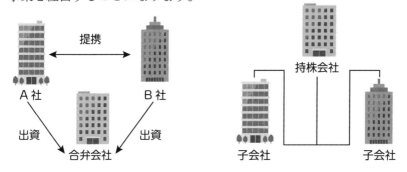

〈業務提携〉

業務提携の場合、出資等の関係はなく、契約により相互に事業を補完することになります。

● 生産提携、OEM生産

生産提携とは、契約により他の会社に生産や製造工程の一部を委託することです。

OEM（Original Equipment Manufacturing）生産とは、生産の受託者が委託者のブランドで製品を製造、供給することです。

● 販売提携

販売提携とは、提携当事者が独自に有する製品、商品、販売ルート、販売ノウハウ等を相手方に提供するか、相互に活用して、販売力を強化する方法です。

- **技術提携**

技術提携の方式としては、既存技術に関連する技術実施契約や新規技術の開発に関連する共同開発契約等があります。技術実施契約とは、技術を有する企業が相手方企業に、特定の技術を利用することを許諾する契約です。共同開発契約とは、複数の企業が協力して、新規技術を開発する契約です。

▎2．M&Aの類型

M&Aには、日本の会社間のM&A、日本の会社が外国の会社等を買収するM&A、外国の会社が日本の会社等を買収するM&A、外国の会社間のM&Aなどがあります。

内－内型（IN-IN型）	日本の会社が日本の会社や事業を買収
内－外型（IN-OUT型）	日本の会社が外国の会社や事業を買収
外－内型（OUT-IN型）	外国の会社が日本の会社や事業を買収
外－外型（OUT-OUT型）	外国の会社が外国の会社や事業を買収

IN-OUT型のM&Aとしては、古くはブリヂストンのファイアストーン買収（1988年）、ソニーのコロンビア買収（1989年）、JTのRJRナビスコのたばこ部門買収（1999年）などが、最近では武田薬品工業のシャイアー買収（2018年）などがあります。

OUT-IN型のM&Aとしては、古くはフランスのルノーと日産自動車の資本提携（1999年）などが、最近では台湾の鴻海精密工業のシャープの買収（2016年）、ベインキャピタルを中心とする企業コンソーシアムによる東芝メモリの買収（2017年）などがあります。

▌3．M&Aの目的

➢　買収の目的

　M&Aの目的のひとつに、事業規模の拡大があります。たとえば、同業他社の事業またはその会社を買収することにより、既存事業の量的拡大（シェア拡大）を図り、事業基盤を強化することを目的にM&Aが行われることがあります。また、同業他社の事業またはその会社を買収し、規模のメリットを追求することで、仕入原価や製造コスト、物流コスト、販売管理費といった各種コストの低減を図ることを目的にM&Aが行われることもあります。

規模拡大 → 質的転換

既存事業 / 新規事業

- 水平型(同業他社)　〜事業規模の拡大〜
- 垂直型(川上・川下事業)　〜付加価値向上と収益機会拡大〜
- 周辺型(関連・周辺事業)　〜事業規模拡大とシナジー効果〜
- 布石型(新規事業)　〜新規事業の構築〜

　事業内容の質的な向上を図ることを目的としたM&Aもあります。たとえば、開発能力や生産性の向上を目的としてM&Aが行われたりします。また、量的拡大よりも、事業構造の転換や新規技術の導入、新たなビジネスモデル（新たな成長の核となる事業）を構築し、経営力の強化や自社の事業構造の転換を目的にM&Aが行われることもあります。

〈水平型 … 主として同業他社が対象〉

　事業規模の拡大を目指して、主として同一事業を行う会社の事業ま

たはその会社の買収がされたりします。スケールメリットの追求が主な目的です。

〈垂直型 … 川上分野や川下分野の会社が対象〉

　川上分野の会社等の買収とは、たとえば、部材メーカーによる原材料メーカー等の買収や、原材料メーカーによる原材料の産出や生産に携わる会社等の買収などのことです。

　川下分野の会社等の買収とは、たとえば、原材料メーカーによる部材メーカー等の買収や、原材料の産出や生産に携わる会社による原材料メーカー等の買収などのことです。

　買収の目的は、「製品や商品の付加価値向上や収益機会の拡大」「製造や販売の一貫体制構築による物流コスト削減」「仕入先や販売先の確保」「他社による買収の防衛」などです。

〈周辺型 … 関連会社や周辺会社が対象〉

　一般に、シナジー効果を目的とし、既存事業の周辺事業を行っている会社や、同業ではないものの業種的に近い相互に補完関係があるような事業を行っている（原材料の共同仕入れや、部材や資材、販路の共通化等が可能な）会社が対象とされます。

〈布石型 … 主として既存事業と無縁の会社等が対象〉

　新規事業を構築し、当該事業の成長による成長戦略が主な目的です。新規の開発とは異なり、開発コストや製造コストの低減が可能です。販路についても既存の販路の活用が可能なため、新規事業のリスクの低減が可能といえます。新商品の開発・製造に既存の技術を転用することもあります。

　業績の良い会社が、必ずしも買収の対象とされるとは限りません。業績が良い会社は、企業価値が高く、買収価格が高くなって、投資利回りが低くなる可能性が高いからです。また、現在を最盛期とすれば、今後、成長の鈍化により業績が悪化するリスクもあります。

　今後の成長等が期待される業種の会社も、必ずしも買収の対象とされるとは限りません。業績に比べて株価が実態よりも高くなっている可能性が高く、投資利回りが低くなる可能性が高いからです。また、今後、競争が激化する可能性も高いといえます。

　M&Aの対象となりやすい会社は、自社にないものがある会社です。たとえば、自社にない「人材」「ノウハウ」「技術」「販売先」「取引先」「営業拠点」「製造拠点」等がある、経営資源の補強・強化を図ることができる会社です。

➢ 売却の目的
〈事業再生〉
　経営破たんが確実または経営破たんした会社もしくはその会社の事業が売却の対象になります。一般に法的手続きまたは私的整理実施後に売却がされます。

〈事業再編〉
　将来的な発展や本業との相乗効果があまり望めない事業や子会社が、経営の合理化や効率化のため、売却の対象になります。体力のある間に事業分野を絞り込み、事業の選択と集中を促進するためです。

〈投資回収〉
　資金運用が主目的である「投資ファンド」は、投資資金の回収を目

的に売却します。また、会社の創業者による創業者利益確保のため、売却がされることもあります。

〈後継者不在〉

　後継者が不在のため、事業承継を目的とした売却がされることがあります。

　「ディスシナジーの事業」「シナジーが期待できない事業」「戦略面で適合しない事業」「収益性が悪化した事業」などが主な売却対象となります。Ｍ＆Ａ経験の豊富な海外の会社は、事業ポートフォリオを定期的にレビューし、必要に応じて事業の撤退・売却を検討したりしますが、日本の会社は売却に対して否定的なイメージを持つことが多く、非中核事業や収益性の低い事業でも、売却を考えることが少ないといえます。

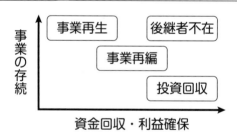

4．M&Aのメリット

　M&Aのメリットとしては、次のようなことがあげられます。

> • 時間を買う
> • 人材の確保
> • シナジー効果
> • 事業インフラの獲得

➤ 時間を買う

　一から独自に事業展開する場合と比べて、時間を買うこと（迅速な事業規模の拡大）ができます。つまり、買収を通じて既存の会社を傘下に収めることで、スピーディーに新規事業を展開したり、事業規模を拡大したりすることができます。

　たとえば、新規事業展開のため、独自に工場を建設するとしたら、「用地買収」「工場建設」「機械設備導入」「従業員の募集・研修」等が必要となります。また、部品や原材料の調達、製品出荷までの物流網や販売先の確保等も必要です。

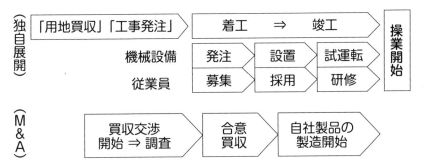

　一方、M&Aであれば、買収が成立すれば、すぐに新規事業に参入することができます。また、M&Aであれば、人材や事業インフラの獲得も可能です。

➤ シナジー効果

シナジー（Synergy）効果とは、「相乗効果」という意味です。M&Aを行ったときに、単純に合計した利益の額になるのではなく、経営資源の有効活用や別々の事業を組み合わせることで、より大きな付加価値や効果を生み出すことです。

たとえば、同業他社を買収する水平型のM&Aで資源の効率化が図られたり、販売会社がメーカーを買収する垂直型のM&Aで相互補完が可能になったりします。これにより、単純に合計した利益の額よりも大きな利益が期待できます。

〈水平型M&Aによるシナジー効果の例〉

- 共通資材の購買力強化による原価削減と利益率向上（粗利益率向上）
- 管理部門コストの削減による利益率向上（営業利益率向上）
- 生産設備集約化と効率化による設備投資削減（減価償却費低下）
- 運転資本管理の共通化による資本効率化（資本コスト削減）

つまり、シナジー効果とは、M&A等により、「コスト削減」「利益率向上」「技術力向上」などにつながることです。

〈アナジー効果〉

アナジー（Anergy）効果とは、「事業間の相互マイナス効果」という意味です。シナジー効果を期待して、M&Aを行っても、期待した効果が出ず、アナジー効果となってしまうことがあります。M&Aを行う場合には、自社の状況、買収対象の会社の状況、M&A後の予測を綿密に行う必要があります。

　M&Aは、成長戦略の手段として、また、事業ポートフォリオの転換や経営効率の向上に活用することができます。

┃ 5．M&Aによる事業ポートフォリオの見直し

　最適な事業ポートフォリオの構築は、経営上の最重要テーマです。買い手は、最適な事業ポートフォリオ構築のためM&Aを実施します。事業ポートフォリオの基本は、「特定の事業等への過度な経営資源の集中を回避すること」「高収益分野の比重を高めること」「将来予想されるマーケットの変化に対応する対策や施策をとること（発展すると予想される事業分野を拡大し、衰退していくと予想される事業分野を縮小すること）」などです。

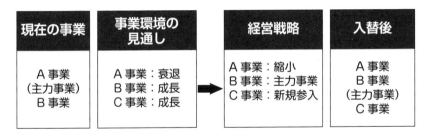

　事業の組替えや入替えをする場合には、各事業が将来生み出す事業価値の評価が重要となります。

➢　事業ポートフォリオの見直し事例

　富士フイルムの事例を見てみます。富士フイルムは、写真フィルムの国産化を目指して1934年に設立され、世界一の写真フィルムメーカーに発展しました。しかし、2000年以降、デジタル化の進展に伴い、主力事業のカラーフィルムの需要が急速に減少したことから、社運を賭けて大規模な事業構造の転換を断行（M&Aを活用した大胆な

■カラーフィルムの世界総需要推移（2000年総需要を100とした場合の指数）
（指数）

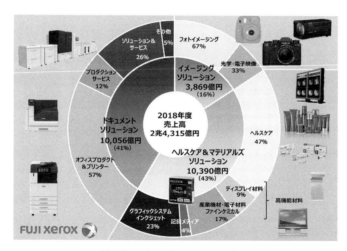

前年比20～30%の
急速な下落

ピーク時

93 94 95 96 97 98 99 00年度 01 02 03 04 05 06 07 08 09 10年度

（出所）富士フイルムホールディングスホームページ

事業構成再編）し、写真関連製品の開発・生産に必要とされる光学、化学、エレクトロニクスなどさまざまな技術をもとに、競争優位性を発揮できる事業を確立しました。

（出所）富士フイルムホールディングスホームページ

イメージングソリューション	撮影から出力に至る写真に関わる製品・サービスを提供
ヘルスケア＆マテリアルズソリューション	重点事業分野である「ヘルスケア」「高機能材料」をはじめ、B to B中心に多彩な事業を展開
ドキュメントソリューション	オフィス向けに複合機やサービスなど、ドキュメントに関わる事業を展開

122

> **事業ポートフォリオの見直し（選択と集中）**

　選択と集中とは、多角化が進展している会社において自社の得意な事業領域（中核事業）を明確にし、経営資源を集中的に投下する戦略のことです。

```
中核事業については、他社の当該事業の買収も検討 ⇒ M&A
非中核事業に位置づけられた事業は、売却も検討　⇒ M&A
```

　会社は「人」「物」「金」「情報」の4つの資源を事業に投下することで営業活動を行います。また、限られた資源を最大限無駄なく投下することで生き残ることができます。

　顧客の価値観が多様化する中、会社が生き残るためには選択と集中がポイントとなります。強い部門に経営資源を集中して、弱い部門は縮小、場合によっては撤退・売却し、強みを活かして収益構造を改善していくことが重要です。なお、単一の事業を営んでいる会社は、事業ではなく経営資源（ヒト・モノ・カネ）単位で検討（商品・サービスの絞込み、対象エリアの絞り込み、対象顧客の絞り込み等）する必要があります。

〈選択と集中に係る留意事項〉

「当たりはずれが大きい」

　選択と集中に成功している会社も多数ありますが、失敗している会社も数多くあります。リターンが大きいということは、リスクも大きいということです。特定分野に特化すればするほど、外部環境の変化に大きく左右され、当たればリターンは大きくなりますが、はずれるリスクも大きくなります。

「長期的視野も必要」

　短期的に、特定分野で高収益を実現することは可能ですが、長期的

に維持することは困難です。「選択と集中」という考え方は、ある意味、投資家サイドから見た短期ないしは中期的な視点で捉えた考え方ともいえます。会社はゴーイング・コンサーンであり、永続性が不可欠です。特定の事業で収益をあげている間に、次世代事業への種まきが必要です。多角化がダメで、選択と集中が正しいというのではなく、その企業固有の業界環境や成長ステージを勘案することが大切です。

➤ ダイベスティチャー（Divestiture）

　一般に事業売却・事業撤退全般を意味する言葉です。ダイベスティチャーの代表的なものに「スピンオフ」「エクイティ・カーブアウト」「アセット・セール」の3つがあります。

〈スピンオフ〉

　非中核事業の分離等のため、ある会社が複数の会社に分離し、分離された部門の株式を、分離元の会社の株主に、その持分に応じて割り当てることです。新しく設立された会社は、分離元の会社から独立し、資本関係もなくなります。

〈エクイティ・カーブアウト〉

　親会社が経営権の一部支配を継続して、子会社を上場することです。親会社は子会社株式の一部を売却することで資金を獲得できます。

〈アセット・セール〉

　資産を売却したり、営業譲渡したりすることです。資産売却や営業譲渡により資金を獲得できます。

▌6．M&A戦略による企業価値の向上

M&Aでシナジー効果があれば、「統合後の利益＞統合前の利益」となることから、当該M&Aは価値を創造することになります。

> 被買収会社の統合後事業価値－被買収会社の統合前事業価値
> ＝シナジー効果による価値増加分

なお、被買収会社株主の希望売却価格は、通常、次のような価格と考えられます。

希望売却価格≧被買収会社の統合前事業価値

一方、買収会社の希望買収価格は、通常、次のような価格と考えられます。

希望買収価格＜被買収会社の統合後事業価値

上記のことから、買収価格は、通常、次のような価格の範囲内になると考えられます。

被買収会社の統合後事業価値＞買収価格≧被買収会社の統合前事業価値

シナジー効果が期待できれば、被買収会社の統合前事業価値より高い価格での買収が可能です。また、NPVから、次のように考えることができます。

> M&AのNPV＝（被買収会社の統合前事業価値＋シナジー効果による価値増加分）－ 買収価格

M&AのNPV＞0 ⇒「NPV－0」分、M&Aにより価値創造
M&AのNPV＜0 ⇒「0－NPV」分、M&Aにより価値破壊

つまり、買収価格が「被買収会社の統合前事業価値＋シナジー効果による価値の増加分」を下回る価格であれば、当該M&Aは価値を創造すると考えられます。反対に、買収価格が「被買収企業の統合前事業価値＋シナジー効果による価値の増加分」を上回る価格であれば、当該M&Aは価値を破壊すると考えられます。

　言い換えると、M&Aが価値を生み出すかどうかは、NPVがプラスかどうかです。魅力的な会社で、シナジー効果があっても、NPVがマイナスの場合には、価値を創造するのは困難です。NPVがマイナスになるようなプレミアムを付けた価格での買収は企業価値を破壊することになります。そのため、NPVがマイナスになるような価格でなければ買収できない場合には、買収価格を引き上げるのではなく、見送るという選択が重要です。

➢　シナジー効果による価値増加分の計算例

　買収前と買収後のFCF等の予想が下表のようであったとします。

	買収前				買収後		
	1年目	2年目	3年目		1年目	2年目	3年目
税引後営業利益	100	100	100	⇒	100	105	110
減価償却費	70	70	70		70	69	67
設備投資額	70	70	70		70	65	60
正味運転資本増加額	10	10	10		10	5	0
FCF	90	90	90		90	104	117

　また、買収前と買収後のWACCが7％、買収前のFCFの成長率が0％、買収後のFCFは3年目までは上表の通りとし、4年目からのFCFは3年目の数値から年率2％で成長すると仮定すると、買収前の

事業価値と買収後の事業価値は次のようになります。

$$買収前の事業価値 = \frac{90}{0.07} ≒ 1,286$$

$$買収後のTV = \frac{117 \times (1+0.02)}{0.07 - 0.02} ≒ 2,387$$

$$買収後の事業価値 = \frac{90}{(1+007)} + \frac{104}{(1+0.07)^2} + \frac{117}{(1+0.07)^3} + \frac{2,387}{(1+0.07)^3} = 2,219$$

シナジー効果 ＝ 2,219 － 1,286 ＝ 933

▌7．買収価格の算定

➢　上場会社の買収価格の算定

　一般に、上場会社の買収価格は、買収によるシナジー効果を考慮したうえで、買収後一定期間の事業計画等を策定し、それに基づくFCFを推定し、一定期間経過後のFCFについては定率成長等の前提を置き、DCF法により算定します。

　そのうえで、WACCや成長率が想定した数値から変化した場合、どの程度事業価値等が変化するかを検証します。

　また、類似会社のEV／EBITDA倍率など（マルチプル法）で買収価格の妥当性を検証します。

〈WACCまたは成長率が変化した場合の事業価値〉

　WACCは4.16％で、買収後のFCFは3年間100で一定とし、4年目からはシナジー効果により毎年2％成長すると推定したとします。この場合の事業価値は4,455となります。

$$TV = \frac{100 \times (1+0.02)}{0.0416 - 0.02} \fallingdotseq 4,722$$

$$事業価値 = \frac{100}{(1+0.0416)} + \frac{100}{(1+0.0416)^2} + \frac{100}{(1+0.0416)^3} + \frac{4,722}{(1+0.0416)^3} \fallingdotseq 4,455$$

　WACCまたは4年目以降の成長率が変化した場合に、事業価値がどの程度変化するかを見てみます。

		4年目以降の成長率		
		1.5%	2.0%	2.5%
WACC	3.16%	5,879	8,292	14,359
	4.16%	3,670	4,455	5,714
	5.16%	2,668	3,047	3,569

　上表から、WACCの値や成長率が変化すると、事業価値は大きく変化することがわかります。事業価値を算定するにあたっては、WACCや成長率のレンジ（上限や下限）なども考慮したうえで、算定することが重要です。

〈類似会社のEV／EBITDA倍率から推定した事業価値〉

　DCF法により算定したEV（企業価値：4,455）から求めたEV／EBITDA倍率が8.79倍だったと仮定します。また、類似会社X社のEV／EBITDA倍率が9.50倍、類似会社Y社のEV／EBITDA倍率が8.45倍だったと仮定します。

　この場合、類似会社のEV／EBITDA倍率の範囲内にあることから、企業価値の水準は妥当だと推定することができます。また、類似会社のEV／EBITDA倍率の平均値からみたこの会社の企業価値は4,550になります。

$$企業価値 = \frac{9.50+8.45}{2} \times 507 ≒ 4,550$$

EV／EBITDA倍率	8.45倍	8.79倍	8.975倍	9.5倍
企業価値	4,284	4,455	4,550	4,817

➤ 非上場会社の買収価格の算定

　非上場会社の場合には、市場価格がないため、β値の算定ができないことから、類似の上場会社のβ値から、当該会社のβ値を推定し、DCF法を基に買収価格を算定することになります。

　ただし、実務上、非上場会社の買収価格の算定は、時価純資産法のうち「修正純資産法（再調達法）」で算出した金額に、継続企業としての将来の利益である「営業権（のれん）」を加えて行うのが一般的です。修正純資産法（再調達法）とは、資産と負債を再調達原価（新たに取得する場合の価格）で時価に修正して評価する方法です。

事業価値＝修正純資産価額＋営業権

　修正純資産価額は、再調達原価で時価に修正して評価します。プラス要因は、土地の含み益や機械等の評価替えに伴う利益等です。マイナス要因は、土地の含み損や回収不能債権、棚卸資産評価損、不良在庫、償却不足、退職給付に係る負債の引当不足等です。

修正純資産価額＝（簿価純資産＋資産の含み益－資産の含み損－負債の未計上分）

　営業権を算定する方式としては、「加算方式」や「差額方式」などがあります。

加算方式では、営業権の算定は「超過収益還元法」や「年買法」を用いて算定します。超過収益還元法では、超過収益（＝予想収益−投下資本×WACC）をWACC等で現在価値に割り引いて営業権の価格を算定します。年買法では、3年〜5年の予想収益の現在価値の合計額を営業権の価格と推定します。

　差額方式では、「事業価値（DCF法）−修正純資産価額」を営業権（のれん）の価格と推定します。

　一般に中小企業のM&Aの場合には、年買法による加算方式が用いられることが多いといえます。

▍8．のれん

　会計上ののれんとは、会社の買収等により発生する、「買収価格」と「被買収会社の時価評価純資産価額」との差額のことです。

> ### のれん＝買収価格−被買収会社の時価純資産価額

　たとえば、M&Aにより、他の会社を吸収合併したときは、被合併会社が保有していた資産や負債を時価で評価するパーチェス法により会計処理（被合併会社の資産と負債は、時価で再評価し、合併会社と合算）します。

【例】

〈Y社の貸借対照表〉

借方		貸方	
諸資産	5,000	諸負債	2,000
		資本金	2,000
		利益剰余金	1,000

※　諸資産の時価6,000、諸負債の時価2,000と仮定

　X社は、Y社の株主に対して、時価50のX社株式を100株交付（増加資本はすべて資本金として処理）して、Y社の全株式を取得したとします。

借方		貸方	
諸資産	6,000	諸負債	2,000
のれん	1,000	資本金	5,000

　X社は、5,000（＝50×100株）分の株式を発行することで、Y社の純資産4,000（＝諸資産6,000 － 諸負債2,000）を獲得することになります。この場合、差額の1,000は「のれん」として計上します。

➤　のれんの会計処理

〈企業会計基準〉

　のれんは、資産に計上し、20年以内のその効果の及ぶ期間にわたって、定額法その他の合理的な方法により規則的に償却します。ただし、のれんの金額に重要性が乏しい場合には、当該のれんが生じた事業年度の費用として処理することができます。

また、負ののれんが生じると見込まれる場合（「買収価格＜被買収会社の時価純資産価額」の場合）、すべての識別可能な資産および負債が把握され、それらに対する取得原価の配分が適切に行われているかどうかを見直します。その結果、なお取得原価が受け入れた資産および引き受けた負債に配分された純額を下回り、負ののれんが生じる場合には、負ののれんが生じた事業年度の利益として処理します。なお、負ののれんが生じると見込まれた際の取得原価が受け入れた資産および引き受けた負債に配分された純額を下回る額に重要性が乏しい場合には、見直しを行わずに、当該下回る額を当期の利益として処理することができます。

〈国際会計基準（IFRS：International Financial Reporting Standards）〉

　のれんは、取得日時点で認識し、減損損失累計額を控除した金額を計上します。また、規則的な償却は行わず、毎年減損テストを実施し、取得した事業等の価値が損なわれた時に減損処理します。

　なお、最近、多額の減損処理をする会社が増えてきていることから、国際会計基準審議会（IASB：International Accounting Standards Board）で、償却を義務化することの検討がされています。

〈修正国際基準（JMIS：Japan's Modified International Standards）〉

　のれんは、取得日において認識された金額から償却累計額および減損損失累計額を控除した金額を計上します。なお、のれんの償却方法および耐用年数は、それぞれの会社が決定することとされていますが、償却は定額法その他の合理的な方法により耐用年数にわたって規則的に行うこととされており、耐用年数はその効果の及ぶ期間による

ものの、20年を超えてはならないとされています。また、償却費は純損益として認識し、のれんの償却は取得日から開始します。

➢ 主なM&A実施会社の「のれん」の状況

〈ソフトバンクグループ〉
（単位：百万円）

	2018年3月31日	2019年3月31日
のれん	4,302,553	4,321,467
資産合計	31,180,466	36,096,476
親会社の所有者に帰属する持分合計	5,184,176	7,621,481
資本合計	6,273,022	9,009,204

〈日本たばこ産業〉
（単位：百万円）

	2018年12月31日	2019年12月31日
のれん	2,008,416	2,002,595
資産合計	5,461,400	5,553,071
親会社の所有者に帰属する持分合計	2,630,594	2,662,696
資本合計	2,700,445	2,743,611

〈武田薬品工業〉
（単位：百万円）

	2018年3月31日	2019年3月31日
のれん	1,029,248	4,161,403
資産合計	4,106,463	13,872,322
親会社の所有者に帰属する持分合計	1,997,424	5,159,582
資本合計	2,017,409	5,163,588

〈日本電産〉 (単位：百万円)

	2018年3月31日	2019年3月31日
のれん	234,915	262,311
資産合計	1,773,199	1,875,068
親会社の所有者に帰属する持分合計	932,501	997,628
資本合計	942,391	1,015,714

　いずれの会社も国際会計基準（IFRS）に基づき連結財務諸表を作成しています。上記は、連結財務諸表のうち、連結財政状態計算書の抜粋です。いわゆる自己資本（この場合「親会社の所有者に帰属する持分合計」）に対する「のれん」の割合は、ソフトバンクグループが約57％、日本たばこ産業が75％、武田薬品工業が約81％、日本電産が約26％となっています。日本電産を除き非常に割合が高いことから、減損処理等が発生した場合、会社経営に大きな影響を及ぼすことになるといえます。

▌9. M&A成功のポイントと留意事項

➢ 明確な目的意識

　「シナジー効果のある事業獲得」「規模の利益追求」「新しい事業の柱構築」「多角化による経営の安定」といったように、M&Aの目的が明確でなければ、利益の向上につながったり、シナジー効果等を生み出したりすることができません。

Q. 2001年以降に貴社が実施した海外M&Aのうち、成功と評価された案件において、成功要因は何と考えていますか？（複数回答）

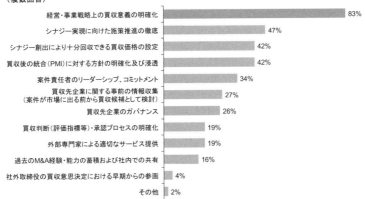

経営・事業戦略上の買収意義の明確化	83%
シナジー実現に向けた施策推進の徹底	47%
シナジー創出により十分回収できる買収価格の設定	42%
買収後の統合(PMI)に対する方針の明確化及び浸透	42%
案件責任者のリーダーシップ、コミットメント	34%
買収先企業に関する事前の情報収集（案件が市場に出る前から買収候補として検討）	27%
買収先企業のガバナンス	26%
買収判断（評価指標等）・承認プロセスの明確化	19%
外部専門家による適切なサービス提供	19%
過去のM&A経験・能力の蓄積および社内での共有	16%
社外取締役の買収意思決定における早期からの参画	4%
その他	2%

（出所）デロイト トーマツ コンサルティング合同会社「日本企業の海外M&Aに関する意識・実態アンケート調査」（2017年）

➢ 適正な買収価格

　M&Aを行う際に競合相手がいると、買収価格が割高になり、高値買収になるおそれがあります。

　たとえば、対象企業が魅力的で、高いシナジー効果が見込まれていても、シナジー効果を想定した企業価値よりも買収価格が高いと想定される場合には、無理して買収をするのではなく、見送るといった判断も必要です。無理して買収をしても、買収価格を上回る価値を創造することは困難なため、企業価値を毀損することになるからです。競合相手がいる場合に、買収価格引上げ競争になったときは、買収取りやめの選択も必要だということです。買収価格の上限は、シナジー効果を想定した企業価値評価額です。言い換えると、「正味現在価値（Net Present Value ＝ FCFの現在価値 − 買収金額）」がプラスの範囲内が買収価格の上限といえます（「第5章　企業価値評価　5. 事業投資の採算性評価」参照）。

> ## 買収価格による M&A の成功と失敗

　2018年3月に経済産業省が公表した「『我が国企業による海外M&A研究会』報告書」によると、M&A成功企業の86％は、買収価格が「単独の企業価値＋確実なシナジー効果」以下となっています。反対にM&A失敗企業の50％は、買収価格がそれ以上の価格となっています。

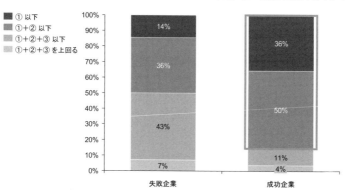

Q. 買収に合意した価格はどの範囲にあてはまりますか？
（①買収側が試算した買収先単独の価値、②確実なシナジー効果、③一定の可能性で見込めるシナジー効果とした場合）

（出所）デロイト トーマツ コンサルティング合同会社「日本企業の海外M&Aに関する意識・実態アンケート調査」(2017年)

> ## 統合戦略の明確化

　M&Aを成功に導くには「経営統合」「業務統合」「意識統合」「システム統合」などの「統合プロセス（PMI：Post Merger Integration）」を早期に達成することが重要です。統合ビジョンが不明確（買収目的が曖昧）な場合、統合プロセスが遅延することが多くあります。適正な価格で買収を行っても、統合プロセスが遅延すると、シナジー効果実現までに要する「統合コスト」が想定以上にかかり、M&Aが失敗に帰すおそれがあります。

統合プロセスが遅延

- 社員のモチベーションの低下
- 必要かつ優秀な経営陣や社員等の退職
- 業務ミスの増加、サービスの品質低下
- 顧客離れ　等

そのため、買収完了後速やかに株主や社員、顧客等のステークホルダー（利害関係者）に統合ビジョンを明示し、役職員のモチベーションが低下しないように、被買収会社の役職員に対し、買収後の処遇や権限移譲の方法等を示すとともに、双方の優れた点を取り入れて、会社のカルチャーを早期に統合することが大切です。

なお、被買収対象先がグループ会社の一社またはグループ会社の特定の事業部門であった場合に、「仕入れ」「生産」「販売」等を他のグループ会社または他の事業部門が行っていると、買収後に新たなコスト（スタンドアローンコスト）が生じる可能性があることから、注意が必要です。

➤　エージェンシー問題

前述したように、エージェンシー問題とは、株主の代理人である経営者が、自己の名声や利益を重視して、株主の利益（株式価値の向上）に反する意思決定を行うことです。

成熟段階にあり、新たな事業戦略が見出せない会社が、豊富な余剰資金を有している場合、過大な価格で無理した買収に走る傾向があります。また、経営者が、事業規模拡大により自己の名声を高めることを目指し、過大なM&Aを行うことがあります。

過大な投資をすると、企業価値を毀損します。過大な投資を回避す

137

るには、「適正な投資価値を遵守する体制の構築」「複数の独立社外取締役の配置」「余剰資金を配当や自社株買いで削減する」といったことが重要です。

➤ 資金調達力と人材補強力

　M&Aを成功に導くためには、買収資金の調達だけではなく、買収後における追加投資の余力等についても考慮しておく必要があります。買収後、新たな設備投資等を実施することで、より企業価値を高めることが可能な場合がしばしばあるからです。

　また、被買収先への人材補強も大切です。経営陣だけでなく、優秀な実務スタッフを補強することで、企業価値をより高めることが可能になるからです。

10. M&Aの事例

➤ 日本電産の場合

　日本電産は、精密小型モータを中核事業として、1973年に永守重信氏が設立した会社です。

　同社は、企業成長の原動力としてM&Aを戦略的に活用し、1984年に最初のM&Aを行ってから2019年末までに合計66回のM&Aを実施しています。同社のM&Aは「回

（出所）日本電産ホームページ

るもの、動くもの」に特化し、技術・販路の育成に要する「時間を買う」という考え方に基づき行われています。

　具体的には、「精密小型モータ」「車載用モータ」「家電・商業・産業用モータ」「その他の製品グループ」を事業の4本柱として、自立

成長と積極的なM&A戦略で成長戦略を加速しています。

　また、日本電産は、買収した赤字企業をすべて黒字化しています。日本電産の買収後の基本方針は、「経営者も従業員も代えないで一緒に経営」「買収会社のブランドを残し、安心感を与える」「再建後には支援のための人員を引き揚げ、もとの経営と同じにする」といったもので、このような方針が被買収企業の従業員に安心感を与え、黒字化の要因となっているといえます。積極的なM&Aの結果、この20年間で日本電産の売上や株価は約10倍になっています。

（出所）日本電産ホームページ

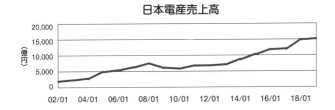

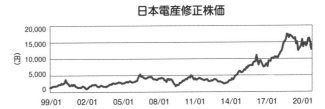

〈M&A無敗の日本電産〉

　平成の30年間で時価総額の伸び率が最も大きかった日本企業（69倍）は日本電産です。創業から50年足らずで、ハードディスク駆動装置（HDD）用モータで85％、携帯電話の振動モータや電動パワーステアリング用モータで40％のシェアを握る世界大手になりました。

　1973年に京都市のプレハブ小屋で創業した同社は、企業買収をテコに成長しました。買収後多額の損失を出したことがない同社の企業買収には流儀があります。通常、M&Aに際しては、投資銀行等に頼り切ってしまうことがありますが、日本電産では潜在的なリスクを見極めるため、自社でも入念に準備を進めます。

　通常、買収企業の価値算定にはDCF法を用いますが、日本電産はEV／EBITDA倍率を重視します。一般に8〜10倍が適正とされていますが、日本電産の場合、案件によっては7倍以下となっています。また、買収の成否を握るのはPMI（統合プロセス）だとして、独自の経営手法やコスト削減策などを植え付けていきます。2003年に旧三協精機製作所を傘下に入れた際には、永守会長が伝票を1円単位でチェックするなどした結果、100億円超の赤字であった同社は1年半で最高益を更新しました。最近の1千億円規模の大型買収の案件では、EV／EBITDA倍率が10倍近いものも出てきていることから、今後とも無敗記録を伸ばすことができるのか、要注目といえます。

➢　ソフトバンクの場合

　ソフトバンクは、純粋持ち株会社であるソフトバンクグループ株式会社と、子会社1,302社（2019年3月末現在）から成る企業グループです。ソフトバンクの株式公開時における主要事業はソフトウェア流通事業でしたが、2004年に日本テレコムを3,400億円で買収し、2006年にはボーダフォン日本事業を1兆7,500億円で買収しました。i Phone

効果等により業績を拡大し、現在は巨大通信会社になっています。また、2013年に米国スプリントを1兆8,000億円で買収し、2016年に英国半導体回路設計大手ARM（アーム）ホールディングスを約3.3兆円で買収しました。

　現在、ソフトバンクグループは、ソフトバンク・ビジョン・ファンドを設定するなど、投資会社の様相を呈しています。

➤　パナソニックの場合

　1990年に松下電器産業（現パナソニック）は、米国の映画・エンタテインメント大手MCA（ユニバーサル・スタジオ）を約7,800億円で買収しましたが、5年後にカナダのシーグラム社に80％の株式を売却し、残りの株式を2006年に売却しました。その結果、多額の損失を計上しました。

　また、2009年には、三洋電機を4,000億円超で買収し、2010年に追加投資して完全子会社化しました。その後、2011年に、中国の家電大手「ハイアール」に三洋の冷蔵庫と子会社「三洋アクア」製洗濯機の白物家電事業を売却しました。最終的に8,100億円以上投じたものの、リチウム電池事業の読み違いなどから2013年3月期個別決算で6,000億円以上の評価損を計上しました。

➤　日本板硝子の場合

　板ガラス分野での世界トップシェアを獲得するため、2006年に年商規模で2倍の英国大手ガラスメーカー「ピルキントン社」を6,160億円で買収しました。その後、欧州景気の悪化から業績が低迷し、買収資金の約8割を外部調達していたことから、有利子負債の支払利息の負担が重く業績が悪化しました。

➢ **東芝の場合**

　原子力事業を中核事業と位置づけ、2006年に米国の原発メーカー、ウェスチングハウス（WH）を6,000億円で買収しました。三菱重工に決まりかけていた案件で、6,000億円の買収価格は「その半分でも高すぎる」といわれていました。

　2016年3月期に、WHを中心とした原子力事業で約2,500億円の減損損失を計上し、WHが2015年に買収した米原子力サービス会社のCB&Iストーン・アンド・ウェブスター（S&W）関連で、2017年3月期に約1兆2,400億円の損失を計上しました。その損失を補うため、東芝メモリを売却（譲渡価額約2超円）するとともに、第三者割当増資（約6,000億円）により資金調達を行うこととなりました。

▌11．中小企業の事業承継に伴うM&A

　M&Aは広く事業承継に活用されており、未公表の分を含めて非上場の会社等の事業承継に係るM&Aの件数は、増加傾向にあります。

　中小企業のM&Aの売却目的は「後継者不在」が最も多くなっています。一方、買収目的は「既存事業の強化」が過半数を占めており、同一地域や近隣地域の会社をターゲットとすることが多いといえます。中小企業の「親族外」承継が増加する中、M&Aに対する関心が高まってきています。

　中小企業のM&Aの手法としては、「株式譲渡」が過半数を占めており、次いで「事業譲渡」で、両者で約90％を占めています。後継者が、親族や社内の役職員にいない場合、M&A等によって事業が継承されることが増えています。

　従来、M&Aには「身売り」「マネーゲーム」といったマイナスのイメージがありましたが、昨今、M&Aのプラス面が注目され、事業承継のひとつの在り方として注目されています。また、中小企業の事業

承継を促進するため、承継時の贈与税や相続税が100％納税猶予される特例制度等が設けられています。

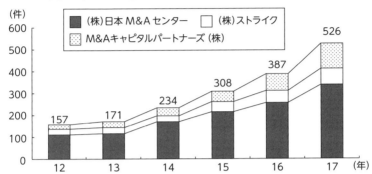

中小企業のM&A仲介を手掛ける上場3社の成約組数

資料：東証1部上場の中小企業向けM&A仲介企業3社の公表値等より中小企業庁作成

（出所）2018年版「中小企業白書」

> ## 中小企業の事業承継

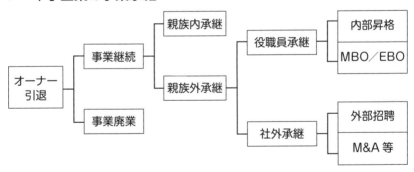

　親族内承継は、所有と経営を一体とした経営を継続でき、社内外の関係者等も比較的受け入れやすい方式といえます。ただし、相続人が複数いる場合、親族内で株式が分散し、経営の意思統一が困難になるおそれがあります。また、後継者の経営スキルが低い場合、安定した事業の継続が困難になるおそれもあります。

　親族外承継のうち役職員承継は、業務に精通した人を後継者にする

ことが可能で、他の役職員の理解を得ることも比較的容易といえます。ただし、後継者が内部昇格で、資力が乏しい等の理由で、株式の取得をしない場合、所有と経営が分離することになり、会社の経営方針について、常に株主の了承を求めなければいけなくなります。また、この場合、一般に社長として会社の借入金に対する個人保証を引き継ぐことになりますが、それが問題となって、承継がうまくいかないこともあります。

社外承継のうち優秀な経営者を外部から招聘する方式は、他の役職員の理解を得ることが困難な場合があります。また、内部昇格の場合と同様の問題もあります。

社外承継のうちM&Aは、内部に後継者がいない場合、非常に有効な方式ですが、社内外の関係者等の理解を得ることが難しい場合があります。

12. MBOとEBO

➢ MBOとは

MBO（Management Buyout）は、M&Aの手法のひとつで、外部の会社等が買収するのではなく、その会社の経営陣が、自らの資金で、またはその会社の資産や将来のキャッシュフローを担保として、投資ファンド等からの出資や金融機関から借入れを受けるなどして、その会社の株式や事業部門を買収し、独立する手法です。

具体的には、グループの経営方針により、親会社が、子会社や特定の事業部門を切り離す際に、第三者に売却せずに、経営陣がその株式を取得して独立したり、株式公開のメリットが薄れた上場会社が、株式の非公開に踏み切る際の手段として活用されたりします。

➤ EBOとは

　EBO（Employee Buyout）も、M&Aの手法のひとつで、会社の従業員が、自らの資金で、またはその会社の資産や将来のキャッシュフローを担保として、投資ファンド等からの出資や金融機関から借入れを受けるなどして、その会社の株式や事業部門を買収し、独立する手法です。実際には、従業員だけで行うEBOはまれで、経営陣と従業員が一体となって株式を買収するMEBO（Management Employee Buyout）の形態が一般的です。

➤ MBOとEBOの形態

〈株式の買収金額が大きい場合〉

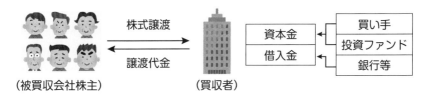

〈株式の買収金額が小さい場合〉

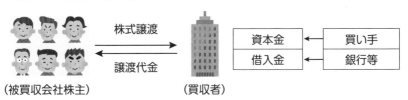

〈事業の買収の場合〉

➢ MBO等の事例

〈日産陸送の事例〉

2001年に、日産自動車は保有する日産陸送の全株式を、MBO方式で日産陸送の経営陣および「AIGジャパン・パートナーズ」「東京海上キャピタル株式会社」に譲渡しました。また、MBO後、社名を「株式会社ゼロ」に変更しました。2005年に東京証券取引所市場第二部に上場しましたが、2014年6月、株式公開買付けにより、Tan Chong International Ltd.（シンガポールの自動車メーカー）の子会社となりました。

〈ワールドの事例〉

2005年に、アパレル大手のワールドは、上場会社としては初めてMBOにより株式を非公開化しました。2007年3月期に過去最高の連結営業利益を達成し、2008年3月期には過去最高の売上高を記録しました。しかし、その後、売上・利益とも減少し、6〜7％台だった営業利益率は2015年3月期に1％未満まで減少したことを受け、不採算ブランドや店舗の廃止など構造改革を進めました。その結果、経営再建を果たし、2018年9月に、13年ぶりに再上場しました。

〈TASAKIの事例〉

2017年に、東京証券取引所市場第一部上場の宝飾品メーカーTASAKIがMBOを実施しました、株式の取得は、社長ら経営陣のほか、アジア系投資ファンドのMBKパートナーズもスポンサーとして参加しました。

〈吉本興業の事例〉

吉本興業は、芸能事務所としては初めて証券取引所に株式を上場しましたが、安定株主の下で経営を行いたいとの意向から、2009年

に、クオンタムリープ・放送局・創業家資産管理会社など14社が出
資する投資会社「クオンタムエンターテイメント」がTOBを実施し、
株式の上場を廃止しました（事実上のMBOを実施）。また、2010年
に、クオンタムエンターテイメントと合併し、新生「吉本興業（株）」
となりました。

〈すかいらーくの事例〉

　2006年に、野村証券系の投資ファンドと組んでMBOを実施し（総
額2,700億円）、非上場化後、2014年に東京証券取引所市場第一部に
再上場しました（再上場時時価総額約2,200億円）。

〈サンスターの事例〉

　2007年2月に、経営陣と従業員によるMEBOを実施し、大阪証券
取引所に上場していた株式を2007年7月に上場廃止しました。2009
年には本社機能を大阪府高槻市からスイスへと移転し、日本は現地法
人扱いとなりました。
　なお、2007年に実施されたMEBOの当初提示価格（650円）に対し
て、元株主より買取価格が低いという訴訟を起こされ、2009年9月
大阪高裁は原告側の主張に近い840円と決定しました。

13. M&Aのプロセス例

	売却サイド	アドバイザー	買収サイド
事前検討	事前相談 ⇨ 〈アドバイザリー契約・秘密保持契約締結〉 必要資料提供 ⇨	ヒアリング 価値算定・基本 条件決定	M&A戦略決定 買収基本計画 策定 ⇦ 買収ニーズ登録
相手先の探索・調査 (事前調査)	 必要資料提供 ⇨ 追加分提供 ⇔ 検討結果回答 ⇨	売却案件紹介・ ⇨ 打診 〈守秘義務契約締結〉 追加資料・情報 ⇦ 依頼 条件提示・調整 ⇦	 書面調査・検討 開始 追加資料・情報 依頼 ⇨ 概算買収価格 算定 検討結果回答
基本合意	基本的条件に 合意 検討・回答 ⇨ 調査依頼 ⇨	⇔ 基本合意書作成 ⇦ スケジュール 作成 専門家アレンジ ⇦ 買収価格算定	基本的条件に 合意 検討・回答 調査依頼
本契約	 了承 ⇔ 契約締結・資金決済 ⇔	買収価格決定・最終条件調整 契約書作成 契約締結日決定 スケジュール 再確認 	 了承 ⇔ 契約締結・資金決済

➢　事前検討の概要

〈売却サイドの対応〉

　アドバイザーを選定し、アドバイザリー契約および秘密保持契約を締結します。契約締結後、アドバイザーへ必要資料等（「会社の基本情報」「財務諸表等」「事業の体制と状況」「人事労務関係」「契約書関係」「その他重要事項」に関する情報）を提供します。

〈アドバイザーの対応〉

　売却サイドから提供された必要資料を基に、買収価格の概算額を算定します。また、ノンネームシート（売却会社名を伏せた紹介資料）やネガティブリスト（売却会社が買収の打診をしてもらいたくない会社名を記載したリスト）を作成します。

〈買収サイドの対応〉

　「事業規模の拡大」や「新規事業の展開」など、M&Aの目的を明確化し、M&A戦略を決定するとともに、M&Aの担当部門等を設置します。その後、M&Aの対象とする事業分野を明確化し、スケジュールを策定するなど、買収基本計画を策定します。そのうえで、M&Aアドバイザーに買収ニーズを登録します。

➢　相手先の探索・調査（事前調査）

　買収サイドは、買収対象候補先が見つかり、その先とM&Aに係る案件を進めることにした場合には、秘密保持契約を締結し、必要資料等を買収対象候補先から受領（必要に応じて追加資料を要請）します。一般に買収サイドは、公認会計士、税理士、弁護士等に依頼して、当該資料を基に概算買収価格の算定や基本的な条件等を決定します。

〈一般的な事前調査のための必要資料〉

	情報内容	備考
会社の基本情報	会社概要、履歴事項全部証明書、定款、株主名簿等	会社・事業の概要確認、株主確認
財務諸表等	決算書（3〜5期分）、法人税申告書、現在進行期の試算表、勘定科目内訳明細書、固定資産明細書、不動産登記事項証明書、金融機関借入明細、差入保証金および契約内容等	企業価値の概算等確認、在庫の確認と評価、未収・未払い・仮払い・仮受け等の確認、償却不足の有無や借入金の金利水準等の確認
事業の体制と状況	組織図・従業員配置図、各事業の概要、主要販売先と販売実績、主要仕入先と仕入実績等	買収後の効率化・改善策の検討、取引シェアの確認と買収後の方針策定
人事労務関係	役員名簿・経歴書、従業員名簿・職務経歴書、給与明細票、労務関係諸規定、労働組合との協定等	キーマンの確認、給与水準・職務との関係等の確認
契約書関係	賃貸土地・建物の契約、リース契約一覧、継続的取引契約、他社との業務提携契約、その他重要な契約等	買収後に契約の変更が可能かの判断、不利益条項がないかの確認、解約に係る違約金の有無やその金額等の確認
その他重要事項	子会社・関連会社に関する情報、営業に関する許認可、裁判・係争中の案件の有無、偶発債務の有無、第三者への債務保証等の有無、その他重要事項等	買収後のリスク等の確認

〈事前調査の目的〉

　M&A成約に向けて、概算買収価格等を算定し、M&Aについての双方の条件を確定していくための準備作業です。この作業には、各分野

の専門家（公認会計士、税理士、弁護士等）の協力が不可欠です。

　また、M&A成立後の事業計画を描くため、売却対象の事業内容等を調査・分析し、評価します。買収（経営の変化）に伴うステークホルダー(利害関係者：株主、従業員、取引先、取引金融機関等)への影響なども調査します。買収サイドの会社は、自社の視点から経営情報を収集し、各分野の専門家は、他社の事例等に基づくデータ等を提供します。

　売却対象の財務の健全性や事業の発展性、売却対象の強みと弱み、事業構造と収益構造、自社にない要素や将来の事業の柱になる要素があるか、従業員の職能や職務経験、隠蔽されているものがないか等についても調査します。

〈事前調査に係る留意事項〉
● 会社の基本情報調査に係る留意事項

　会社の基本情報調査においては、事業の概要が推定していた内容と同じかどうかを確認します。

　また、定款の内容や株主の状況から買収を決定する際の阻害要因がないかについても確認します。たとえば、売却対象が非上場の会社の場合、株主構成を確認し、「交渉相手（オーナー社長等）の意向次第で、その会社の100％（最低50％以上）の株式の取得が可能か」「取引先（法人）の一部が、その会社の株主となっている場合、買収に対して理解を得ることができるか（友好的であるか）」「株主間で利害が対立していないか」「買収に対して障害となる株主はいないか」「名義株（株主名簿上の名義上の株主と株式の払込みをした人とが一致していない株式）の有無とその整理に問題はないか」などを確認します。株主数が少ないほど確認は容易です。

● 財務諸表等の調査に係る留意事項

概算買収価格を算定するための基本情報を得るための作業です。計数に異常値がないか、会計と税務の処理が妥当かどうかの確認などを行います。

〈貸借対照表（資産と負債）検証の際の留意事項〉

・ 現金残高と現金有高帳との突合、預金残高と残高証明書との突合

・ 受取手形の不渡りの有無、売掛金に係る長期滞留・未回収債権の有無

・ 棚卸資産に係る減耗損や不良在庫の有無

・ 土地等の固定資産の含み損益

・ 設備等に係る減価償却不足の有無

・ 保証金等の返戻時の金額

・ 支払手形、買掛金、未払金、未払費用

・ 借入金（銀行借入明細で確認）

・ 退職給付に係る負債の引当不足の有無　等

〈損益計算書検証の際の留意事項〉

・ 処理の妥当性や不適切な支払いの有無

・ 事業の収益性の分析

・ 効率化できる費用の洗い出し　等

● 事業の体制と状況調査に係る留意事項

組織構造や従業員の配置を精査・分析して、現行の組織や配置の無駄な点を洗い出し、M&A後の改善策を検討します。

また、取引先からの受取手形や売掛債権の明細や回収条件、仕入先

に対する支払手形や買掛債権の明細や支払条件、個々の取引先や仕入先の比率（大口先等がある場合、M&A後に協力を得ることができるか等を含む）等についての調査も行います。

● 人事・労務関係の調査に係る留意事項

「労働条件や処遇」「給与水準と職務の関係」「労働問題の有無」などについて調査を行います。

● 契約書関係の調査に係る留意事項

契約が適正に行われており、その契約に従って適正に取引が行われているか等を調査します。また、無駄または不要な契約がないか、契約の変更条件や解約条件（違約金等）等について調査します。

● その他重要事項

子会社や関連会社等がある場合、それらの会社をそのまま引き継ぐかどうかについて検討します。引き継ぐ場合には、それらの会社の調査も併せて実施します。引き継がない場合には、それらの会社の譲渡価値等の概算額等を算定します。

営業許可等がある場合には、正当に取得されていて有効かどうか、更新漏れや期限切れになっていないか、次の更新時期はいつかなどについて調査します。また、偶発債務や簿外の保証債務がないかどうか等についても調査します。

➤ 基本合意

事前調査の段階で概算買収価格を算定するのは、買収価格は売却サイドの最大の関心事であり、取引が成立するための基本であり、ある程度の金額の目途がたたないと、基本合意書の締結自体が困難なため

です。また、売却サイドが売却希望価格を提示する場合には、買収サイドが買収価格の目途を提示しないと、それ以降、会社内容の調査を実施することが困難なためです。

　双方が折り合うことができる金額の範囲内で、買収サイドと売却サイドが基本的な条件に合意すれば、基本合意書または覚書を締結し、締結後、買収サイドは買収調査（デューデリジェンス）を実施します。

〈一般的なデューデリジェンスの概要〉

　一般的な買収調査（デューデリジェンス）では、主として以下のような調査が行われます。

会計デューデリジェンス	一般に公認会計士が、会計処理の妥当性、収益力や有利子負債の妥当性、純資産に影響を与える事項、簿外資産・負債の有無、その他偶発債務の有無等を調査します。
税務デューデリジェンス	一般に税理士が、税務処理の妥当性、税務リスク、過去の税務調査の有無、海外案件の場合はストラクチャー等を調査します。
ビジネスデューデリジェンス	一般に客観的視点から事業を評価することを目的に、外部のコンサルティング会社等が調査します。 ビジネスモデルや市場環境、競争環境、顧客動向を把握するとともに、その強みや弱みの所在を明らかにし、将来の事業の成長性やリスクを考察し、定量面と定性面の双方から事業計画やシナジー効果の妥当性等を検証します。また、事業内容（経営資源の配置、稼働率、効率性、追加投資の必要性等）や統合コスト等の調査などもします。
法務デューデリジェンス	一般に弁護士が、定款や許認可の内容、法的手続きの妥当性、販売や仕入れ等のビジネスに関する契約、顧客からの苦情や従業員とのトラブル、係争中の案件、人事労務関係等を調査します。

ITデューデリジェンス	対象企業／事業の既存システムおよび付随するオペレーション、データフローやそれらを支えるインフラの概要、維持管理に必要な組織体制、第三者への委託範囲、システム維持のための投資やコストの状況、新規開発プロジェクトの進捗等を調査するとともに、ライセンスの管理状況、情報漏えいや過去の重大なシステム障害等のシステムリスク等を調査します。
環境デューデリジェンス	一般に専門のコンサルタント等が、土壌や排水、騒音等各種のアセスメントを実施します。

〈デューデリジェンスに係る留意事項〉

　開示資料の調査は、売却サイドから開示された資料を精査することになりますが、追加資料が必要になることもあり、その時は追加資料を要請します。この段階で大きな問題が発見されることもあります。

　また、デューデリジェンスにおいては、開示資料の調査だけでなく、現地調査なども行われますが、現地調査の前に、経営者インタビュー（マネジメント・インタビュー）が行われることもあります。現地調査をしなくても、経営者に一定の質問をすることで、問題点が発見できたり、問題点がないことが確認できたりすることもあります。

　デューデリジェンスでは、買収対象先の会社に直接赴き、事前に開示できない資料の閲覧やその会社の各担当者に対するインタビューを行うという現地調査の機会が設定されるのが一般的です。現地調査では、社外に持ち出すことが原則として禁止されている重要な書類が調査対象となります。これにより、その会社の重要な問題点が発見されたり、開示資料の調査の時に重要な問題点だと思っていた項目が、あまり大きな問題ではないことが判明したりします。

　収集できる情報の範囲や、収集した情報への対処方法を検討する時間的な制約、限られたリソースの面などから、デューデリジェンスに

は、当然のことながら限界があります。そのため、目的意識等（何を精査するためなのか等）を明確にし、限られた時間を有効活用することが重要です。時間が限られているため、事前に重要な調査ポイントについて仮説を設定しておくことも大切です。すべての項目を網羅的に精査するのではなく、優先順位と対象を絞って実施する必要があります。外部アドバイザーに丸投げした形式的なデューデリジェンスではなく、当事者意識を持って実施しなければなりません。

> **本契約**

　デューデリジェンスの結果、対象先に問題となるような瑕疵がなければ、正式契約に向けて、条件面の最終調整を行います。デューデリジェンスの結果を踏まえて、買収サイドは買収価格を算定し、売却サイドに希望価格を提示します。条件面の最終調整終了後、「当該事項」および「対象先の会社の役員の処遇」「対象先の会社の経営者の個人保証の解除」「法定の届出」に関する事項を明記した契約書を作成し、契約の締結をします。

> **資金決済に係る留意事項**
> **〈M&Aの形態別の決済方法〉**

株式取得	支払い　：大半の場合、現金（例外的に自社株と交換）	
	支払時期：本契約時に一括払いが原則	
吸収合併	支払い　：合併比率に応じて自社株と交換	
	支払時期：本契約後速やかに実施	
事業譲渡	支払い　：現金	
	支払時期：原則として本契約時	

〈買収資金の調達方法と留意事項〉

買収資金は、一般に「手元資金」「銀行等金融機関からの借入れ（負債）」「社債の発行（負債）」「株式の発行（資本）」「資産の換金（有価証券、不動産、不要資産等）」などにより賄われます。また、これらの方法を組み合わせて行うのが一般的です。

なお、M&Aに係る資金は、原則として長期の資金で賄う必要がありますが、短い検討期間で買収を決めたような場合、長期の資金を準備することが困難です。このような場合には、手元資金と短期の借入れで当座の資金を手当てし、そのうえで、長期の借入れ・社債の発行・増資等により長期の資金の手当てがされます。

事前に買収を計画しているような場合には、あらかじめ買収資金を準備するため、各期の利益を積み上げ、手元資金を厚くして、買収資金を準備するといったことが行われることもあります。

- 水平型のM&Aであれば、資金の回収が比較的早期に実現できますが、布石型のM&Aであれば、一般に資金の回収は長期にわたります。M&Aの目的によって資金調達の方法を切り替えていく必要があります。
- 多額の資金を負債で調達した場合、自己資本比率が低下し、信用リスクが高まります。
- 多額の資金を増資等で賄った場合、ROEの低下等につながるおそれがあります。

第 **8** 章

ヘッジ戦略

一般に会社は、運転資金や設備投資資金等を、銀行等金融機関から借りたり、短期社債や社債等を発行したりすることで資金調達を行います。その際、金利変動リスクを負うことになります。また、輸出入等を行っている会社は、為替変動リスクを負うことになります。

> ➤ **金利変動リスクと対処方法**
> **〈変動金利借入れ（債務）がある場合〉**

　変動金利で借入れをしている会社は、変動金利のレートが上昇すると、資金調達コストが上昇します。反対に、変動金利のレートが低下すると、資金調達コストは低下します。

変動金利のレートが上昇　→	資金調達コストが上昇
変動金利のレートが低下　→	資金調達コストが低下

　金利の上昇が予想される局面において、変動金利の借入れを固定金利の借入れに変更することで金利上昇リスクを回避することができます。また、金利スワップや金利オプション等のデリバティブを活用することで、金利上昇リスクをヘッジすることもできます。

〈固定金利借入れ（債務）がある場合〉

　固定金利で借入れをしている会社は、固定金利のレートが上昇しても、その影響は受けません。ただし、市場金利が低下しても、その恩恵を受けることはできません。

固定金利のレートが上昇　→	資金調達コストは同じ
固定金利のレートが低下　→	資金調達コストは同じ

　金利の低下が予想される局面において、固定金利の借入れを変動金利の借入れに変更することで金利低下の恩恵を受けることができます。また、金利スワップや金利オプション等のデリバティブを活用することで、金利低下リスクをヘッジすることもできます。

➢　為替変動リスクと対処方法
〈輸出に伴う為替変動リスク〉

　米ドル建てで輸出をしている会社は、為替レートが円高／ドル安になると、円ベースの受取金額が減少（利益が減少）します。反対に、為替レートが円安／ドル高になると、円ベースの受取金額が増加（利益が増加）します。

> 為替レートが円高／ドル安　→　円ベースの受取金額が減少
> 為替レートが円安／ドル高　→　円ベースの受取金額が増加

　円高／ドル安が予想される局面においては、決済時（将来）の為替レートを固定化（為替予約）することで、円高リスクを回避することができます。また、クーポンスワップや通貨オプション等のデリバティブを活用することで、円高リスクをヘッジすることもできます。

〈輸入に伴う為替変動リスク〉

　米ドル建てで輸入をしている会社は、為替レートが円高／ドル安になると、円ベースの支払金額が減少（利益が増加）します。反対に、為替レートが円安／ドル高になると、円ベースの支払金額が増加（利益が減少）します。

> 為替レートが円高／ドル安　→　円ベースの支払金額が減少
>
> 為替レートが円安／ドル高　→　円ベースの支払金額が増加

　円安／ドル高が予想される局面においては、決済時（将来）の為替レートを固定化（為替予約）することで、円安リスクを回避することができます。また、クーポンスワップや通貨オプション等のデリバティブを活用することで、円安リスクをヘッジすることもできます。

┃ 1．スワップ取引を用いたヘッジ戦略

　スワップ（Swap）取引とは、契約に基づき、一般に当事者同士で、取引時点において、現在価値（Present Value）が等しいと想定される将来のキャッシュフローを交換することを約する取引のことです。

　なお、現在価値とは、将来のキャッシュフローを現在の価値に置き直すと、どれほどの価値があるかを表すものです。

　スワップ取引の代表的なものに、固定金利と変動金利等を交換する「金利スワップ」や、異なる通貨のキャッシュフローを交換する「通貨スワップ」などがあります。金利や為替の変動などをヘッジする目的等で利用されます。

　金利スワップも通貨スワップも、異種金利（変動金利と固定金利）を交換するタイプのものと、同種金利（変動金利同士、または固定金利同士）を交換するタイプのものがあります。

> ・確定したキャッシュフローと未確定のキャッシュフローの交換
> ・異なる通貨のキャッシュフローの交換
> ・未確定のキャッシュフロー同士の交換　等

➤ 金利スワップを用いたヘッジ

　金利スワップとは、同一通貨の想定元本に対して、一定期間、「変動金利と固定金利」「変動金利と変動金利」「固定金利と固定金利」などを交換する取引のことです。最も標準的な金利スワップは、「変動金利と固定金利」を交換するタイプのものです。変動金利としては、LIBORやTIBORなどが用いられます。なお、「変動金利と変動金利（LIBORとTIBORなど）」を交換する金利スワップを「ベーシス・スワップ」といいます。

〈変動金利借入れに係る金利上昇リスクのヘッジ〉

　変動金利で資金調達をしている会社は、「固定金利支払い／変動金利受取り」の金利スワップ契約を締結します。スワップ業者から受け取る変動金利の額を支払利子に充当することで、実質的に負担するのはスワップ業者に支払う固定金利だけになることから、変動金利の負債を固定金利の負債に実質上置き換えることができます。

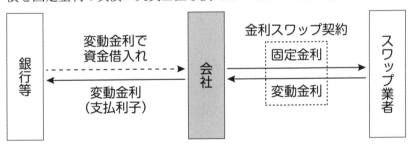

実質的に負担するのは固定金利の部分

〈固定金利借入れに係る金利低下リスクのヘッジ〉

　固定金利で資金調達をしている会社は、「変動金利支払い／固定金利受取り」の金利スワップ契約を締結します。スワップ業者から受け取る固定金利の額を支払利子に充当することで、実質的に負担するの

はスワップ業者に支払う変動金利だけになることから、固定金利の負債を変動金利の負債に実質上置き換えることができます。

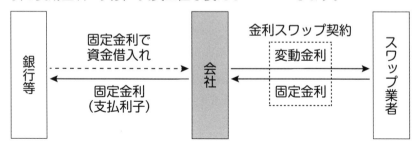

実質的に負担するのは変動金利の部分

〈金利リスクのヘッジを目的とした金利スワップの例〉

A社は、6か月円LIBORフラット（±0）のレートで10億円の資金を継続的に銀行から借りているとします。今後、金利が底入れし、上昇する可能性が高くなってきたので、金利スワップを用いて、今後5年間の金利上昇リスクをヘッジしようと考えています。

この場合、想定元本10億円で、変動金利受取り（6か月円LIBOR＝α％）／固定金利支払いの金利スワップ契約を締結することで、金利上昇リスクをヘッジすることができます。なお、現在の5年のスワップレートのOFFERレートは1％だとします。

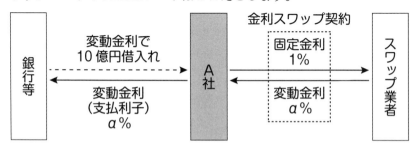

実質的に負担するのは固定金利の部分

　上記の金利スワップ契約を締結することで、今後5年間のA社の実質的な調達コストは1％（＝固定金利1％支払い＋6か月円LIBOR支払い－6か月LIBOR受取り）となります。

➤　通貨スワップを用いたヘッジ

　通貨スワップとは、異なる通貨（ドルと円など）のキャッシュフローを交換する取引のことです。通常、金利の交換に加えて取引開始時と最終日に元本の交換も行います。ただし、元本の交換を行わず、金利の交換だけを行う取引もあります。このようなスワップ取引を「クーポンスワップ」といいます。通貨スワップは、一般に中長期の外貨建ての債権・債務の為替リスクのヘッジなどに利用されます。

　通貨スワップでは、それぞれの元本の交換のほか、「変動金利と固定金利（米ドルLIBORと円固定金利など）」「変動金利と変動金利（米ドルLIBORと円LIBORなど）」「固定金利と固定金利（米ドル固定金利と円固定金利など）」などの交換がされますが、このような通貨スワップのレートは、「米ドルLIBORと円LIBOR」の交換レートといった「ベーシス・スワップ」のレートを基に決められます。また、「ベーシス・スワップ」のレートは、基軸通貨である米ドルLIBORフラット（±0）のレートに対して円LIBOR±α％といった形式で、市場の需給関係等で決められます。

　ある会社（A社）が設備投資の資金調達のため、右記の条件で米ドル建ての債券を発行したとします。これにより、A社は米ドルの資金が手元に入ってきます。なお、A社は、円ベースの資金を必要としており、為替

〈A社が米ドル建債を発行〉	
額面金額	：1億米ドル
利率	：3.0％
利払い	：年1回
発行価格	：100.00米ドル
発行代り金	：1億米ドル

リスクも回避したいことから、以下の条件でスワップ業者と通貨ス
ワップの契約を締結し、手元の米ドルを契約に基づき円に交換したと
します。

〈通貨スワップの条件〉
◇元本交換金額
　開始日：1億米ドル／100億円（為替レート100円）
　最終日：1億米ドル／100億円（為替レート100円）
◇米ドル固定金利　：3.0%
◇円固定金利　　　：1.0%

　このスワップ契約により、A社は当該債券の利払日にスワップ業者
から支払利子に見合う米ドル（300万ドル）を受け取ることになり、
この米ドルを支払利子に充当すれば、この債券の償還日までの間に、
A社が実質的に負担するのは利払日にスワップ業者に支払う円（1億
円）だけになります。
　そして、当該債券の償還日に、スワップ業者から償還金に見合う米
ドルを受け取ることになり、この米ドルを償還代金に充当します。

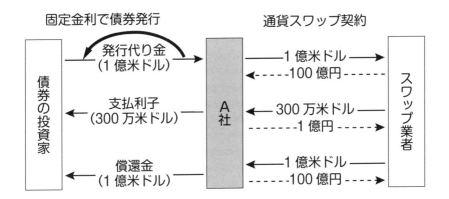

> ## クーポンスワップを用いたヘッジ

　クーポンスワップとは、元本の交換を行わず、金利の交換だけを行う取引のことです。長期間、定期的に異なる通貨を一定金額（金利に相当する額）、継続的に交換する契約であることから、外貨決済が継続的に発生する輸出入の決済代金（金利に相当する額とみなして）の為替変動リスクをヘッジする際などに利用されます。

- 約定時に定めた為替レートで円貨の金額を確定することができ、為替変動リスクを回避することが可能
- 為替（先物）予約と比べて契約期間が長期（契約期間内に一定のサイクルで複数回受払い）
- 為替（先物）予約を複数回、同一為替レートで契約した場合と効果が同じ
- 為替レートが固定されるため、為替差益を享受することはできない
- 中途解約はできない

〈円高リスクのヘッジ〉

　輸出企業は、たとえば「米ドル支払い／円受取り」のクーポンスワップの契約を締結すると、海外の輸入業者から受け取る米ドルをスワップ業者の支払いに充当することで、実質的に受け取るのはスワップ業者から受け取る円だけになることから、円高リスクをヘッジすることができます。

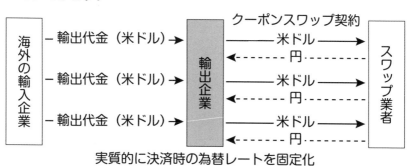

実質的に決済時の為替レートを固定化

〈円安リスクのヘッジ〉

　輸入企業は、たとえば「米ドル受取り／円支払い」のクーポンスワップの契約を締結すると、スワップ業者から受け取る米ドルを支払いに充当することで、実質的に負担するのはスワップ業者に支払う円だけになることから、円安リスクをヘッジすることができます。

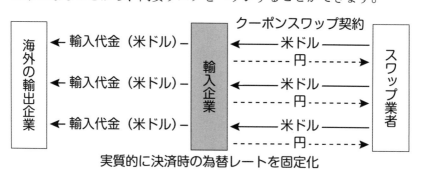

実質的に決済時の為替レートを固定化

▌2．為替先物予約を用いた為替変動リスクのヘッジ

　為替変動リスクは、為替（先物）予約をすることでヘッジすることもできます。為替（先物）予約とは、たとえば円と米ドルを、将来の一定の時期に、あらかじめ決めた為替レートで、一定金額売買することを、現時点において約定する契約です。為替（先物）予約をすることで、為替変動リスクを回避することができます。

➤ 直物取引と先渡取引

　外国為替の取引には、約定が行われると原則として2営業日以内に通貨の受渡しが行われる「直物取引（Spot Transaction）」と、将来の一定時点に受渡しが行われる「先渡取引（Forward Transaction）」があります。為替（先物）予約とは、後者の先渡取引のことをいいます。

　なお、直物取引に適用される為替レートを「スポット・レート（Spot Rate）」、先渡取引に適用される為替レートを「フォワード・レート（Forward Rate）」といいます。

直物取引	直物取引とは、原則として約定日から2営業日以内に受渡しがされる取引のことで、銀行間の取引は、通常、直物取引で行われます。約定日から2営業日以内とされているのは、時差があることも考慮して事務処理上の余裕を持つためです。
先渡取引	先渡取引とは、約定日から3営業日目以降に受渡しがされる取引のことです。銀行と顧客との間で行われる先渡取引は「為替（先物）予約」とも呼ばれます。先渡取引の期日には1週間先など短期のものから、長期のものまであります。

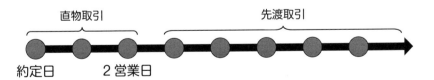

169

➢ 直先スプレッド

　一般に、外国為替の取引を行った場合、原則として約定日から2営業日以内に受渡しをする際の価格であるスポット・レートと、3営業日後以降に受渡しをする際の価格であるフォワード・レートは、同じ価格にはなりません。スポット・レートとフォワード・レートとの間には価格差（スプレッド）が生じます。このようなスプレッドのことを「直先スプレッド」といいます。

　直先スプレッドは、一般に2国間の金利水準の差によって決定されます。たとえば、米ドル金利が円金利よりも高ければ、円ドルのフォワード・レートの価格は、スポット・レートの価格よりも円高になり、反対に円金利のほうが高ければ、円ドルのフォワード・レートの価格は、スポット・レートの価格よりも円安になります。

〈直先スプレッドが発生する理由〉

　直先スプレッドが、発生する理由について考えてみます。たとえば、円金利が2.00％、米ドル金利が6.25％、円ドルのスポット・レートと1年後のフォワード・レートの価格がそれぞれ100円だと仮定します。この場合、期間1年、金利2.00％で1億円、円の借入れをし、スポット・レートの1米ドル＝100円で米ドルに交換し、米ドルに交換した100万米ドルを、期間1年、金利6.25％の米ドル預金に預けたとします。なお、1年後のフォワード・レートである1米ドル＝100円で、1年後、米ドルから円に交換する為替（先物）予約も併せてしたとします。税金等は考慮しません。

〈借入金〉	〈米ドル預金〉	
借入金額：1億円	米ドル預金額	：100万米ドル
借入期間：1年間	預金金利	：6.25%
借入金利：2.00%	預金利息	：62,500米ドル
借入利息：200万円	元利合計満期額	：1,062,500米ドル
	1年後の円受取金額：1億625万円	

　上記のようにフォワード・レートが同じレートであれば、無リスクで利益を得ようとする（金利裁定）取引が殺到し、利益を得ることができなくなるまで続きます。この結果、フォワード・レートは、無リスクで利益を得ることができない水準に修正され、フォワード・レートとスポット・レートの間に価格差（直先スプレッド）が生じます。

〈適正な直先スプレッド〉

　上記の場合、フォワード・レートがいくらであれば、金利裁定が行われないでしょうか。適正なフォワード・レートは、次のような算式で求められます。

$$適正レート＝スポット・レート \times \frac{1＋円金利 \times 期間(年)}{1＋外貨金利 \times 期間(年)}$$

　この式に、上記の数値を代入すると、適正なフォワード・レートは、次のようになります。

$$適正レート＝100 \times \frac{1＋0.02 \times 1}{1＋0.0625 \times 1} ＝96.00 円$$

フォワード・レートが96.00円であれば、米ドル預金の元利合計の満期金を円に交換した場合の金額は1億200万円（＝1,062,500米ドル×96.00円）と、借入金の元利合計の返済額と同じになり、利益も損失も発生しません。このように、フォワード・レートは求められ、直先スプレッドが決まります。

▍3．オプション取引を用いたヘッジ戦略

　オプション取引とは、ある資産をあらかじめ定められた期間（または期日）にあらかじめ定められた価格（権利行使価格）で買ったり、売ったりすることができる権利の取引のことです。買う権利のことをコール・オプション、売る権利のことをプット・オプションといいます。オプションの買い手は売り手にオプション料（プレミアム）を支払い、この権利を取得します。逆に、売り手は買い手からオプション料を受け取り、買い手にこの権利を与えます。

　なお、買い手が権利を行使すると、売り手はあらかじめ定められた価格で売買に応じる義務を負います。一方、買い手は行使する権利を有しますが、行使する義務はありません。

　オプション取引には、金利オプションや通貨オプションなど、さまざまな資産を原資産とするものがあります。

〈先物取引との違い〉
　先物取引は、買ったあとに値下がりすると、その損失をすべて負うことになりますが、オプション取引は権利の取引であることから、買い方はその権利を放棄することもできます。そのため、たとえば、コール・オプションを買って、値下がりしても、損失をオプション料（プレミアム）に限定できるというメリットがあります。ただし、オプション取引の売り手は、買い手が権利を行

使すると、あらかじめ定められた価格で売買に応じる義務があるため、損失は限定されません。

➢　金利オプションを用いたヘッジ

金利を原資産とするオプション取引には、「キャップ（Cap)」や「フロアー（Floor)」などがあります。

〈キャップ〉

キャップとは、LIBORやTIBORといった変動金利を原資産とするオプション取引のことです。キャップの買い手が、キャップの売り手にキャップ料（プレミアム）を支払うことで、契約期間中の所定の日に原資産である変動金利の水準が、あらかじめ決めた上限金利（Cap Rate）を上回っていれば、当該変動金利と上限金利との金利差に相当する金額を、キャップの売り手が、キャップの買い手に支払います。キャップにおいては、この上限金利が権利行使価格（レート）に相当します。

〈フロアー〉

フロアーも、キャップと同様に、LIBORやTIBORといった変動金利を原資産とするオプション取引のことです。フロアーの買い手が、フロアーの売り手にフロアー料（プレミアム）を支払うことで、契約期間中の所定の日に原資産である変動金利の水準が、あらかじめ決めた下限金利（Floor Rate）を下回っていれば、当該下限金利と変動金利との金利差に相当する金額を、フロアーの売り手が、フロアーの買い手に支払います。フロアーにおいては、この下限金利が権利行使価格（レート）に相当します。

〈変動金利借入れをしている人の金利上昇リスクのヘッジ〉

変動金利で資金調達をしている人がキャップを買った場合に、変動金利のレートがCap Rateを上回ると、当該変動金利のレートとCap Rateとの金利差に相当する金額を、キャップの買い手は売り手から受け取る

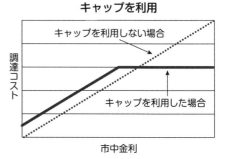

ことができます。これにより、変動金利のレートが上昇しても、キャップの買い手が実質的に負担するのはCap Rateの金利が上限になることから、変動金利の上昇リスクを回避できます。

〈固定金利借入れをしている人の金利低下リスクのヘッジ〉

固定金利で資金調達をしている人がフロアーを買った場合に、変動金利のレートがFloor Rateを下回ると、Floor Rateと当該変動金利のレートとの金利差に相当する金額を、フロアーの買い手は売り手から受け取ることができます。

これにより、変動金利のレートが低下すると、フロアーの買い手の実質的な調達コストは低下することから、金利低下のメリットを享受できます。

〈キャップの利用例〉

B社は、6か月円LIBORフラットのレートで10億円の借入れをしています。B社は、このまま、この借入れを継続しようと考えていますが、将来、金利が上昇し、実質借入れコストが3.0％を超えないよ

うにするため、下記の条件で、Ｘ銀行からキャップを購入し、ヘッジをしました。

B社の実質借入れコストは、キャップ料が年率0.5％、上限金利が2.5％であることから「6か月円LIBOR＋0.5％」または「3.0％」のいずれか低いほうになります（実質借入れコストの上限を

〈キャップの条件〉

原資産	：6か月円LIBOR
上限金利	：2.5％
キャップ料	：年率0.5％
キャップ料支払い	：半年ごと
期間	：5年
想定元本	：10億円

3.0％にするため、キャップの上限金利を2.5％としています）。

B社は、このキャップを購入することで、6か月円LIBORのレートが上昇しても、実質借入れコストの上限を3.0％にすることができます。なお、6か月円LIBORのレートが3.0％未満の場合、キャップを購入しなかったほうが、実質借入れコストは安くなります。

〈B社の金利水準ごとの実質借入れコスト〉

6か月円LIBOR	0.5%	1.0%	1.5%	2.0%	2.5%	3.0%	3.5%	4.0%
キャップ料支払い	0.5%	0.5%	0.5%	0.5%	0.5%	0.5%	0.5%	0.5%
Y銀行からの受取り	−	−	−	−	−	0.5%	1.0%	1.5%
実質借入れコスト	1.0%	1.5%	2.0%	2.5%	3.0%	3.0%	3.0%	3.0%

➤ 通貨オプションを用いたヘッジ

通貨オプション（Currency Option）とは、特定の通貨を、あらかじめ定められた期間（または期日）に、あらかじめ定められた為替レート（権利行使価格）で買う権利（コール・オプション）または売る権

利（プット・オプション）を売買する取引のことです。通貨オプションは、為替（先物）予約を補完する手段として、活用されています。なお、通貨オプションの原資産は通貨であるため、たとえば、米ドルを売って円を買う権利は、「ドル・プット（ドル売り）／円・コール（円買い）」といいます。

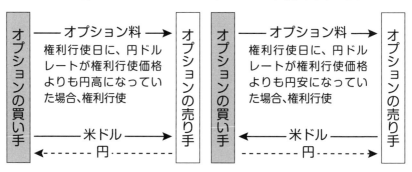

ドル・プット／円・コール・オプション　　ドル・コール／円・プット・オプション

　為替（先物）予約の場合、あらかじめ決められた期日に、一定の価格で、ある通貨を売って、他の通貨を買うという義務がありますが、通貨オプションは、権利を得るだけで、義務はありません。そのため、通貨オプションを用いると、たとえば、円安になった場合のメリットを狙いつつ、円高になった場合のリスクをヘッジするといった取引をすることができます。

〈円高リスクのヘッジ〉

　輸出企業は、ドル・プット／円・コール・オプションを購入することで、権利行使価格を下回る円高（米ドル安）になっても、決済レートの下限を権利行使価格にすることができます。また、権利行使価格を上回る円安になった場合には、オプションの権利を放棄することにより、オプション料の損失は被りますが、円安のメリットを享受する

ことができます。

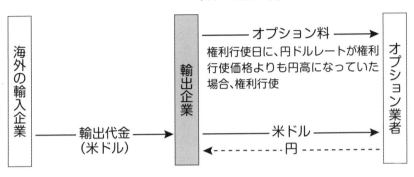

〈円安リスクのヘッジ〉

　輸入企業は、ドル・コール／円・プット・オプションを購入することで、権利行使価格を上回る円安（米ドル高）になっても、決済レートの上限を権利行使価格にすることができます。また、権利行使価格を下回る円高になった場合には、オプションの権利を放棄することにより、オプション料の損失は被りますが、円高のメリットを享受することができます。

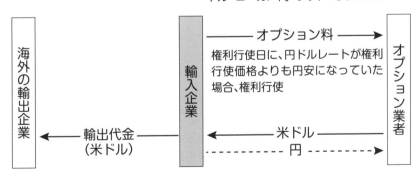

〈参考文献等〉

- 砂川伸幸・川北英隆・杉浦秀徳・佐藤淑子（著）「経営戦略とコーポレートファイナンス」（日本経済新聞出版社）
- 砂川伸幸・川北英隆・杉浦秀徳（著）「日本企業のコーポレートファイナンス」（日本経済新聞出版社）
- 田中慎一・保田隆明（著）「コーポレートファイナンス戦略と実践」（ダイヤモンド社）
- 中野誠（著）「戦略的コーポレートファイナンス」（日本経済新聞出版社）
- 砂川伸幸（著）「コーポレートファイナンス入門」（日本経済新聞出版社）
- 砂川伸幸・笠原真人（著）「はじめての企業価値評価」（日本経済新聞出版社）
- KPMG FAS あずさ監査法人（編）「ROIC経営─稼ぐ力の創造と戦略的な対話」（日本経済新聞出版社）
- 森・濱田松本法律事務所（編）「変わるM&A」（日本経済新聞出版社）
- 有限責任監査法人トーマツ　北地達明・北爪雅彦・松下欣親（編）「M&A実務のすべて」（日本実業出版社）
- 三菱UFJリサーチ＆コンサルティング㈱　木俣貴光（著）「企業買収の実務プロセス」（中央経済社）
- 湊雄二（著）「地銀・信金のためのM&Aによる顧客開拓」（銀行研修社）
- 知野雅彦・岡田光（著）「M&Aがわかる」（日本経済新聞出版社）
- 筑波フューチャーファンディング代表理事　佐々木敦也（著）「ザ・クラウドファンディング」（金融財政事情研究会）
- 日本証券アナリスト協会（編）「新・証券投資論Ⅰ 理論編」（日本経済新聞出版社）
- 日本銀行ホームページ
- 財務省ホームページ
- 金融庁ホームページ
- 経済産業省ホームページ
- 一般社団法人 全国銀行協会ホームページ
- 一般社団法人 全銀協TIBOR運営機関ホームページ
- 日本取引所グループホームページ
- 日本証券業協会ホームページ
- 一般社団法人 第二種金融商品取引業協会ホームページ
- 一般社団法人 全国信用保証協会連合会ホームページ
- MARR Online

●著者紹介

橋本　正明（はしもと　まさあき）

主な経歴

　早稲田大学卒業後、1982年4月に山一證券（株）入社。投資開発部等に在籍。
1998年1月退職後、投信会社やコンサルティング会社等に在籍。2015年1月
（株）フィナンシャル・ラボ設立 代表取締役社長。2017年4月より立命館大学
ビジネススクール教授。

主な業績

　著書に、『よくわかる債券投資のすべて』『よくわかる株式投資のすべて』『「金
融所得課税の一体化」「ジュニアNISA」「マイナンバー制度」相互関係の実務』
（以上、ビジネス教育出版社）等がある。

コーポレートファイナンス入門
～企業価値評価から M&A まで～

2020 年 7 月 15 日　初版第 1 刷発行

著　者　　**橋　本　正　明**

発行者　　**中　野　進　介**

発行所　　**㈱ ビジネス教育出版社**

〒 102-0074　東京都千代田区九段南 4-7-13
Tel 03（3221）5361／Fax 03（3222）7878
E-mail info@bks.co.jp　URL https://www.bks.co.jp

印刷・製本／シナノ印刷（株）　　本文デザイン・DTP ／坪内友季
落丁・乱丁はお取替えします。

ISBN978-4-8283-0849-4

よくわかる 株式投資のすべて

橋本正明／著　Ａ５判・256頁　定価：本体2,200円＋税

■株式の概要・各種指標・取引形態・税制から、株価の変動要因・分析手法まで幅広く解説し、全体像が把握できる書。

■各章末尾に理解度が確認できるCheck Test、巻末には約370の株式相場用語集も掲載。

目　次

よくわかる 債券投資のすべて

橋本正明／著　Ａ５判・192頁　定価：本体2,000円＋税

■債券の特性・種類などの基本的事項から債券価格の変動要因、運用方法等まで幅広く解説。

目　次